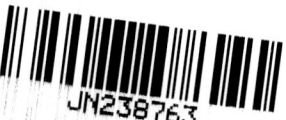

盛りつけの
発想と組み立て

デザインから考えるお皿の中の視覚効果

まちやま　ちほ

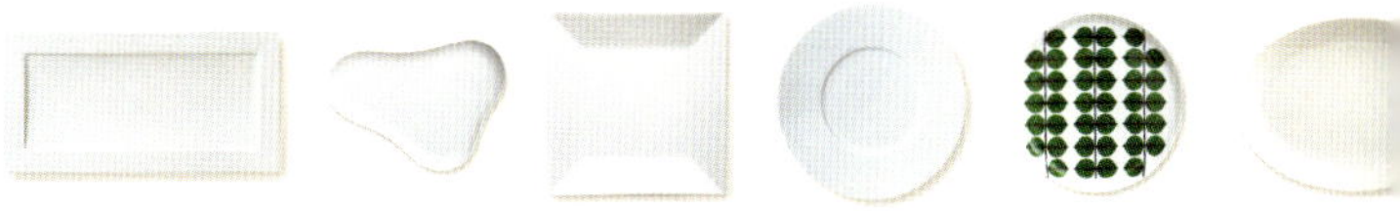

誠文堂新光社

フードコーディネーターという仕事の中で「盛りつけ」は想像力を最も使い、センスの問われる仕事です。

フードコーディネーターという仕事柄いろいろな場面、いろいろな環境、いろいろな設定の中で盛りつけに関わってきました。

それらの状況を具現化すべく食器、食材などをセレクトしています。

テーブルに置いたときのバランス、食べるときの会話など、盛りつけた先までをイメージして盛りつけに向き合って来ました。

地域の伝統や慣習をふまえ、自分の感じる心地よさ、かっこよさ、求められているイメージを加味しています。

文字にしてしまうととても大げさに思えますが、実はそれがデザイン的なエレメントの複合体であり視覚的な効果をもたらしていたようです。

多くの場合、料理を食べる人に驚きを与えたい、かわいらしく見せたい、ホッとして欲しい、などいろいろな気持ちを意図して盛りつけをすると思いますが、その背景にはデザイン的な、視覚的な、理由があったのです。

この本は、そのデザイン的エレメントのひとつひとつを料理に置き換え視覚的にどのように訴えかけているのか、比較できるようになっています。
本書を手にとったみなさんの気付きのきっかけ、想像力に磨きがかかれば嬉しく思います。

フードコーディネーター
まちやま ちほ

目次

本書をご覧になる前に

・本書における盛りつけは、西洋料理を基準に考えています。
・P16~P26 で明記してあるお皿のサイズは、本書で使用したお皿を
計測したものです。目安としてお考えください。
・本書の計量単位は以下の通りです。
小さじ＝5ml　大さじ＝15ml　1カップ＝200ml（1ml = 1cc）

1章

盛りつけの考え方

一般的に盛りつけは料理の美味しさを左右する大きな要因のひとつであると言われている。しかし、盛りつけには厳格な法則はなく伝統や慣習的な技法、個人の感性に委ねられるところが大きい。盛りつけを視覚情報という観点で捉え、デザインの原理に基づいてより効果的な構成ができないか考える。

本書で考える盛りつけとは何か

本書では、デザインの基本原理から発想して盛りつけを考える。

デザインというと単に「表面を飾ること」や「意匠や図案の計画」にとられがちであるが本来の意味は大きく異なる。デザインの語源はラテン語で”designare”「計画を記号に表す」という意味だ。つまり広義で、「まだないものを作り上げるための計画を表現すること」である。これはまさに料理に照らし合わせることができる。食べた人が美味しくて幸せになるための料理をトータルに考えることが作り手の目的であり役目であると考えるからだ。

美味しさは五感で感じる
味わう前の美味しさは視覚で判断する

美味しさは、料理の食味（食べ物の物理的性質）と食べる人の心理状態、食べる空間、そして、今までに培われてきたその人の経験や知識など、様々な情報が統合されて脳で知覚され判断される。料理の味だけで判断される訳ではない。

人は美味しさを五感で感じると言われている。味（味覚）、香り（嗅覚）、見た目（視覚）、食感（触覚）、料理を作る音や咀嚼《そしゃく》音（聴覚）が相互に関係しあっている。これらの情報が認知され、今までの記憶や学習に基づき価値判断され、最終的にどのような生理的心理的変化が起こったかによって美味しさが決まる。

これらの中で、視覚からの影響は大きいと言われている。

例えば、お茶碗に平たくご飯がよそってあるときよりも、こんもり高くよそった方が美味しそうに見える、また、梅干しを見ただけで酸っぱい味が連想され唾液が出てきた、というような経験をしたことがあるだろう。

食べ物の色や形、艶、盛りつけなど、視覚情報は食べる前に美味しさを判断する大きな要因になる。つまり、お皿がテーブルに運ばれ一目見た盛りつけが食欲を刺激するものであれば、期待が高まり「美味しそう」というシグナルを脳に送る。盛りつけは、味わう前に料理の印象を決める重要な役割を担うことになる。

それでは、美味しそうな盛りつけとはどのようなものであろうか。

時代や国、地域の食文化、食習慣、環境などにより料理や盛りつけのニーズは変化していく。例えば、中世ヨーロッパでは、料理は王侯貴族のための宮廷料理、権力を誇示するための豪華で構築的で装飾的な大皿料理が中心であったが、ヌーベル・キュイジーヌが提唱されると新鮮な食材を使ったシンプルでスピーディーに作られる料理が求められるようになり盛りつけも簡素化が進んだ。両者で変わらないのは食べる人にとって見た目、視覚情報が価値判断の大きな要因になっているということだ。

デザインのベーシックと
視覚からイメージする感情

19世紀初頭、視覚に関する基礎造形理論をワシリー・カンディンスキー(1866～1944)は提唱した。彼は美術と建築に関する総合的な教育を行う学校バウハウスで視覚に関する講義を行っていた。彼の視覚原理は現代美術に大きな影響を与え、現在もデザインを考える上で基本ベーシックとされている。

カンディンスキーは、芸術（絵画）における基本の要素を「点」「線」「面」の3つに分けて検証し構成の再構築を促した。現在は、この理論を深め、「色」「立体」「空間」「時間」「音」「香り」などを加え、デザインを考える上での構成要素と考えられるようになった。

これらの構成要素の大きさ、位置、方向性、組み合わせなどによりいろいろなイメージが生まれる。つまりは、視覚から得た情報により安定感、緊張感、躍動感、静寂さなど様々な感情を受け取るということになる。

このように視覚によって生まれる心理感情とデザインの構成要素は密接な関係を持っている。そして、視覚に大きな影響を受ける盛りつけの心理感情もデザインのベーシックな考え方と重ねることができる。

デザインの基本理論を盛りつけのベーシックにする

盛りつけをするときは、そのときそのとき違う料理であり、食べる人に伝えたいメッセージも異なる。心理感情を受け取るための構成要素の基本を知ることで、盛りつけの構成を考えるベースが見えてくる。その上で、独自のセンスや発想、時代が求める美意識、オリジナリティを加えていくと、より盛りつけの意図が食べる人に伝わるのではないだろうか？

デザインの基本を基に本書独自に盛りつけに活用しやすい要素を提案し、具体的に食材を置き、料理で表現した。この基本をベースにし、更に、料理での展開を考え、同じ料理をシーン別に盛りつけ展開している。視覚的にどのように印象が変化するか具体的に感じて欲しい。

盛りつけの意図を考える

実際に盛りつけを考えていく上で、どのような点に注目しながらすすめていくのがいいのであろうか。第一に相手がどのようなことを料理に欲しているのか把握することが大切である。その上で、自分が相手に料理でどのようなメッセージを伝えたいかを明確にし、そのメッセージを表現するための盛りつけの意図、プランをたてることが重要になる。

料理を食べる人の目的、環境を把握する

実際に盛りつけを考えるときに、まず料理の基本構成を考えなくてはならない。そのためには、料理を食べる人を取り巻く環境や目的などを把握する必要がある。6項目（5w1h）に分けて見ていくと分かりやすい。

①どのような人が食べるのか？
（人は年齢や性別などにより食の指向が異なる。）
②いつ食べるのか？
（季節により旬の食材を取り入れる。季節により食の傾向が変わる。）
③どのような場所で食べるのか？
（レストランやビストロなどのお店か、自宅なのか提供する空間が重要。）
④どのような食べ物か？
（ランチなのかディナーなのか、パーティーなのかなどでプランは変わる。）
⑤目的は何か？
（誕生日や結婚記念日、友達との会食、それとも仕事関連など状況は変わる。）
⑥料理を提供するスタイルは？
（着席なのか立食なのか…。）

以上のように様々な状況を検討し明確にすることが必要である。食事をするシーンが見えてくると自ずとどんな料理が適しているか、作りたいかが見えてくる。

盛りつけの意図を考える

目的やニーズが明確になったら、次にどのような料理、メニューを提供するかを考える。そして、その料理をどのような盛りつけで表現するか「盛りつけの意図」を構想する。

例えば、誕生日をモダンな非日常を演出した盛りつけでサプライズ効果を出したい、健康志向の高い人には野菜の持つ自然のパワーをダイレクトに伝える盛りつけにしたい、幼なじみの女性グループの会食会にビストロ風の家庭的な雰囲気を生かしたシンプルな盛りつけにしたいなどだ。盛りつけは料理で伝えたいメッセージを表現するための媒体になる。

デザインの基本理論を基に盛りつけの構成を組み立てる

盛りつけの意図が決まったら、それをどうプレゼンテーションするか考える。お皿のセレクトや具体的な盛りつけの構成をデザインのベーシック理論を基に検討していく。

注意しなくてはならないのはお皿にはそれぞれフォルムがあるが、その形から受ける心理効果もあるということだ。これも盛りつけの演出を左右する重要なファクターになるので、吟味して選びたい（お皿についての解説はP16～P27参照）。

そして、デザインの基本原理と視覚から受ける印象、効果をふまえ盛りつけを組み立てていく。人は見た目、視覚情報から様々な心理感情を受け取る。絵画や広告デザイン等を見ると、そこからいろいろなことを感じたり想像することがあるだろう。個人の感覚やセンスでオリジナリティのある優れた盛りつけを表現することは可能だ。しかし、基本的なデザインの心理的な感情を理解することで、より効果的な盛りつけが表現できると考える。

盛りつけの意図を考えるための基本の流れ

★食べる人のニーズ、環境を把握する

who………誰が食べるのか（年齢、性別、職業、国籍など）
when……いつ食べるのか？（季節、時間など）
where…どこで食べるのか？（レストラン、ビストロ、カフェ、自宅など）
what……何を食べるのか？（ランチ、ディナー、パーティー料理、軽食など）
why………なぜ食べるのか？（誕生日などの記念日、会食、日常のご飯など）
how………どのような形式で食べるのか？（着席、立食など）

↓

★料理で伝えたいメッセージの決定

メニューの決定

盛りつけの意図の決定

↓

★デザインの基本から考える表現方法のセレクト

盛りつけの構成要素を考える
・伝えたい心理感情を表現する

視覚効果を考える
・デザインの基本原理を考える

お皿をセレクトする
・盛りつけの意図に適した形、サイズなどお皿を選ぶ

お皿のセレクトポイント

現在はあまり規則や伝統、慣習に縛られないで自由にお皿をセレクトできる風潮があるが、一般的に言われてきた知識、また、実践的に考えなければいけないポイントも押さえておきたい。

お皿の基本

旧来から通常使われるお皿の大きさと主な用途は知識として押さえておきたい。大まかなパーソナルアイテムは以下の通りだ（基本は丸皿で考える）。

◇位置皿…座る位置にあらかじめ置いておくお皿（直径 30 ～ 32㎝）
◇ディナー皿…肉や魚料理などを盛る平皿（直径 23 ～ 28㎝）
◇スープ皿…スープやシチューなどを盛る深皿（直径 20 ～ 23㎝）
◇デザート皿…デザートなど盛る平皿（直径 20㎝前後）
◇パン皿…パンなどを盛る平皿（直径 15㎝前後）
※これらにカップとソーサーがあれば基本のパーソナルアイテムが揃う

お皿の呼び名や用途は書いてあるが、おおよその基準と考えてもらいたい。あまり縛られる必要はないが、基本を知った上で盛りつける料理によって、また、盛りつけの意図によりサイズなど自由に選択することをお勧めする。伝統ある格式高いレストランでない限り、スープ皿にパスタやサラダを盛りつけてもいいし、デザート皿にサラダや前菜を盛りつけてもいいだろう。また、最近、どんな料理も見栄えよく盛りつけられる白皿が人気で使用されているが、本書でも紹介するように様々な形や素材のお皿があるので選択の幅は広がっている。

テーブルのサイズもお皿をセレクトするポイント

料理を提供するときに、テーブルのスペースは個々に違う。高級レストランであれば、贅沢にゆったりとした空間で食事を楽しむことができるであろうが、ビストロなどでは大きなスペースはとれない。テーブルの長さ、幅によりお皿の大きさを考えなくてはならない。特に、テーブルの幅に注意が必要だ。一人分のお皿の 2 倍の大きさ＋パブリックスペースが必要になる。幅が 80㎝なのか 90㎝なのかでも大きな差になる。実用的な話しだが押さえておきたいポイントのひとつだ。

デザインから考えるお皿のセレクト

我々は何かを見たときにイメージや感情を抱く。それは、今まで見てきた物の経験や記憶により生まれる。お皿には形がある。今回選んだ丸皿、角皿、オーバル皿、長角皿の 4 つのタイプのお皿は、最も基本的な幾何学の図形であり、料理を盛りつけるお皿としてよく使用されているものだ。盛りつけをする空間として、お皿の形は盛りつけの印象を決めるひとつの要素であり手助けとなるので、心理感情は把握しておきたい。

また、お皿には形だけではなく、大きさやリムの幅、高さ（立ち上がり）など様々な要因が盛りつけに影響を与える。個々の解説は次ページ以降 (P16 ～ P23)、各論にて行う。

お皿の形から受けるイメージ（心理感情）

丸皿

【お皿の心理感情】

円

完成された形　独立感　孤立感

円満　暖かみ

角皿

【お皿の心理感情】

正方形

安定感　落ち着き

客観的　冷静

オーバル皿

【お皿の心理感情】

楕円形

安定感　方向性

柔らかさ　しなやかさ

長角皿

【お皿の心理感情】

長方形

安心感　馴染みの深い形

合理的で無駄のない形

丸皿

丸皿は料理を提供する基本の食器

丸皿（＝円形のお皿）は完成されたフォルムであり、外のものと相いれない雰囲気がある。
その孤立感は逆に、中に置かれたものを強調し料理を引き立てる効果を発揮する。

丸皿を選ぶときのポイント

オールマイティに使える丸皿であるが、お皿の種類は沢山ある。そのような中から選ぶためには、どうやって盛りつけるかイメージをして選ぶことが大切である。誰に、どのようなシーンで、どのような環境で（テーブルの大きさなど含む）料理を提供するかがポイントになる。

サイズ

大きなサイズは贅沢な盛りつけを可能にする

基本的にメイン料理（前菜、サラダ、パスタなど含む）などをのせるお皿が大きく、一般的に直径23～28cm。スープは直径20～23cmの深皿、デザートをのせるのは直径20cm程度といわれている。もちろん、盛りつけたいイメージにより自由に選択することができる。一人前の料理を盛りつけたときに大きなお皿の方が、空間が生まれ贅沢なお皿の使い方になり、おもてなし感や非日常を演出してくれる。デザインした盛りつけもしやすい。

リムの幅

リムはデザインでイメージが大きく変わる。

リムの幅はお皿により個々違う。リム幅が違うことは何に一番影響するか？ お皿の中で料理を盛りつけるフラットなスペースがどれくらいとれるか、ということだ。リム幅が広ければ自ずと料理を盛りつけるスペースは小さくなるので、デザインすることが難しくなる。ただし、リムがフラットで立ち上がりがない場合であれば（料理が滑り落ちることもないので）、リムもお皿の盛りつけ可能な有効なスペースとして活用でき、逆にデザイン性が高い盛りつけになる。

高さ（お皿の立ち上がり）

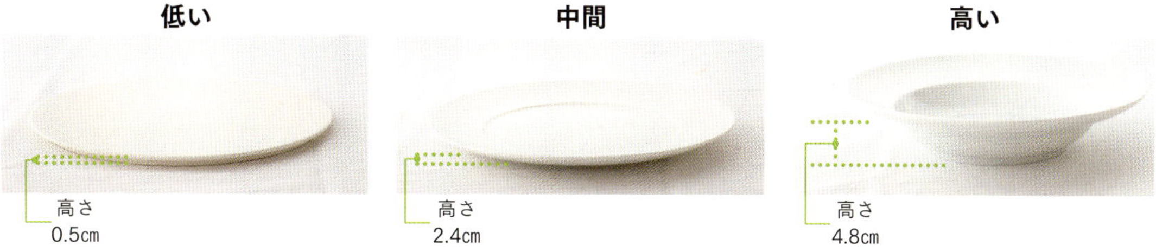

盛りつけの意図によりお皿の高さは変えることが重要

丸皿の高さが高いということは、極端に言うと鉢状になっていることである。また、低いとお皿の面はほぼフラットになる。料理に高さを出してこんもり盛りつけたいときは高い方が料理がだれず盛りつけやすい。また、汁気の多いメニューも高くなっていないとこぼれる可能性がある。一方、ソースなどで絵を描くような盛りつけにしたいときは、フラットなスペースが広い方がデザインしやすいので低いものを選ぶ。

角皿

落ち着きのある安定感を提供してくれる正方形のお皿

丸皿が主流である中で、変化をつけたいときに有効なお皿。安定したバランスのよい形だが、丸皿の曲線に反して直線的なラインがクールな印象になる。

角皿を選ぶときのポイント

角皿は存在感があるので大きさは提供するスペースをよく考えて選びたい。盛りつけて印象を大きく変えるのは、リムの幅とその立ち上がりだ。リム幅や高さにより、盛りつけられるスペース空間、お皿の遊びの空間が変わり、盛りつけに大きく影響を与えるのでバランスを考えて慎重に選びたい。

サイズ

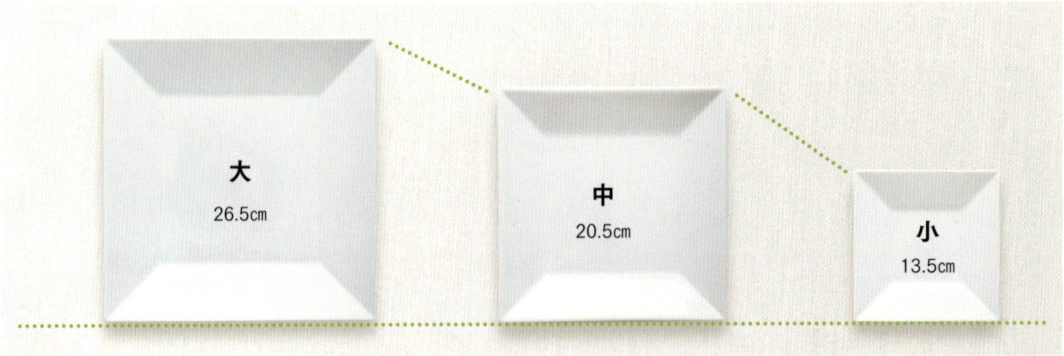

大きいサイズは空間を生かして盛りつける

大きいサイズのお皿は空間を生かして盛りつけると高級感が増す。また、前菜の盛り合わせや、ランチプレートなど数種類の料理を盛りつけても安定感のあるお皿なのでバランスが取りやすい。（ただし、中央に一点だけ盛りつけるときは料理のラインとお皿のラインに注意したい。）また、小振りな皿などに、デザートを盛りつけるとお皿のクールさで甘くなりすぎない印象になる。

リムの幅

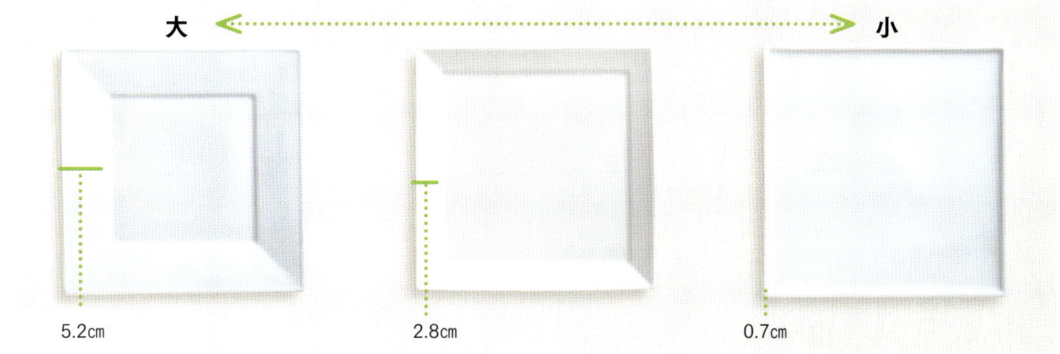

リム幅はデザインの方向性でセレクトする

リムの幅によりお皿に料理を盛りつけられる実際の面積が決まる。リムは空間として生かすか、盛りつけるスペースとして捉えるかで意味合いが大きく変わる。盛りつけの意図を考えてセレクトしたい。

高さ（お皿の立ち上がり）

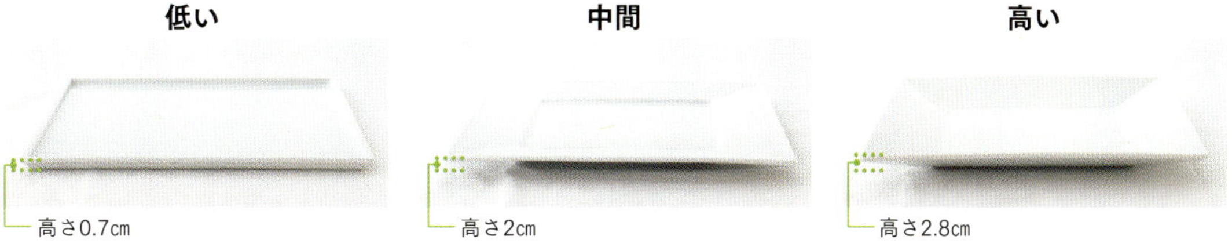

角皿ではリムの立ち上がり具合が盛りつけを左右する

リムの高さが盛りつけの印象に大きく影響を与える。リムはある程度立ち上がりがある方が高級感は増すが、実際に盛りつけできるのはリムがたちあがる手前までだ。デザインできるスペースが少なくなるので注意が必要だ。ただし、リムの高さがフラットになるとプレートのようになり、ソースなどでデコレーションしたいときは向いている。

オーバル皿

楕円形のお皿は安定性と柔らかさが共存

適度な緊張感と安定性、柔らかいラインを持つオーバル皿は食卓に登場する頻度は高い。
サイズによりお皿の持つ意図や雰囲気が大幅に変わる。

オーバル皿を選ぶときのポイント

オーバル皿は、古くは王侯貴族の会食会など大人数のメイン料理を盛りつけたプラターとして、また、現在は、カジュアルなビストロの料理のお皿として活躍の範囲は幅広い。オーバル皿は特に、お皿の大きさによって盛りつけが変わる傾向がある。

サイズ

大きなサイズはプラターに、小さなサイズはカジュアルに

中世の時代から大きなオーバル皿には、大人数の料理を盛りつけてサービスされてきた。現在もその習慣は受け継がれてプラターとして利用されていることも多い。デリカテッセンなどで総菜が大きなオーバル皿に盛りつけられているのもその一例だ。一方、ビストロなどカジュアルなお店で小さなオーバル皿いっぱいに盛りつけられた料理が提供されている。テーブルの幅が狭いときは、小さめなオーバル皿のサイズ感が重宝する。小皿は取り皿に活用してもいい。

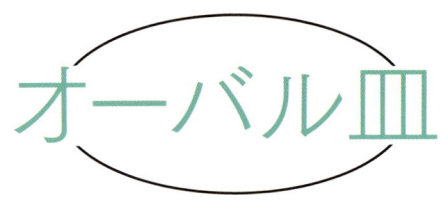

リムの幅

オーバル皿ではリムは機能性を重視する

丸皿や角皿のようにリム幅は盛りつけのデザイン性にさほど大きくは関与しない。どちらかというと、取り分けるときや食べているときに料理が落ちないようにする働きがある。また、リムがないと盛りつける空間は広がる。

高さ（お皿の立ち上がり）

リムの高さが盛りつけやすさのバロメーター

リムの幅と同様、リムの高さは盛りつけやすさ、取り分けやすさ、食べやすさという機能的な役割を担う。取り分け用のプラターなのか、一人分の料理なのか、気の置けない友人たちと取り分けるのか、使用する目的で立ち上がりを考慮してセレクトしたい。

長角皿

安定性と調和のとれたお皿は置き方でイメージが変わる

長角皿には方向性がある。縦長に置くか、横長に置くかである。
また、幅により大きく印象が変わる。

長角皿を選ぶポイント

イレギュラーな形のお皿はおもてなしやパーティー、前菜など演出性が問われる料理に活用しやすい。また機能的にも、スペースを有効に活用できるフォルムなので、丸皿や角皿の合間に、また、テーブルが狭いビストロなどにも活用できる。縦置き、横置きシーンによって使い分けたい。

サイズ

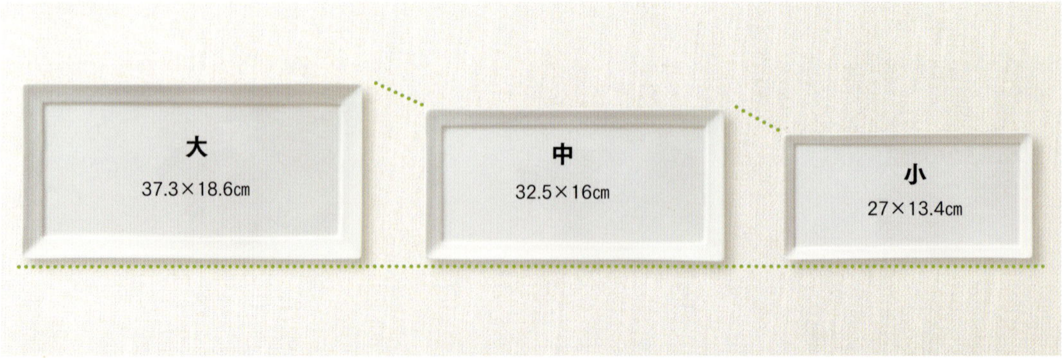

大きいサイズはパーティーに、小さいサイズは銘々《めいめい》皿で

パーティーなどでの盛りつけに大きいサイズの長角皿を使いたい。（アミューズブーシュや前菜、デザートなどのプラターとして活用される機会も多い。）お皿はフラットな面が比較的大きいタイプが多いので利用しやすい。小さいサイズは銘々《めいめい》皿として活用したい。特にテーブルの幅が狭い、スペースが小さいときなどは上手に取り入れたい。

リムの幅

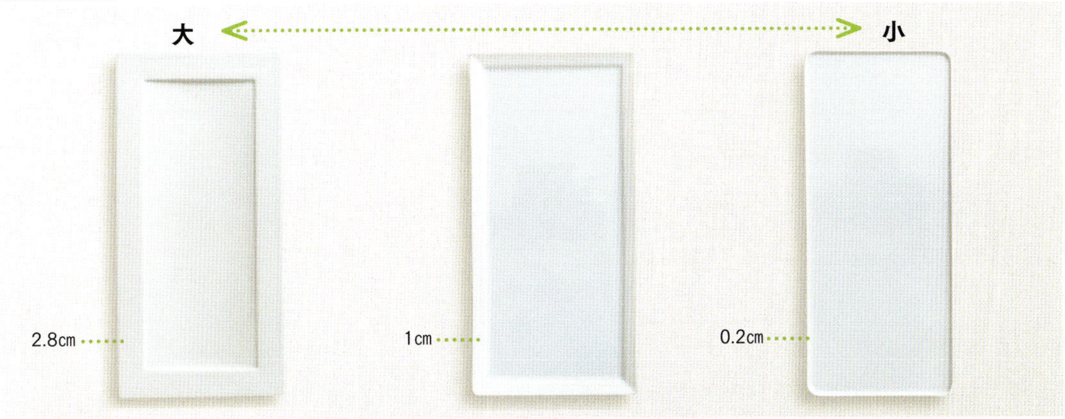

リムの機能と盛りつけのデザインを考える

比較的リム幅の小さいタイプの長角皿が盛りつけのデザイン性を高める傾向にある。しかし、汁気のあるソースや煮込み料理など盛りつけるときは、リムが必要になる。料理の用途によりセレクトしたい。

高さ（お皿の立ち上がり）

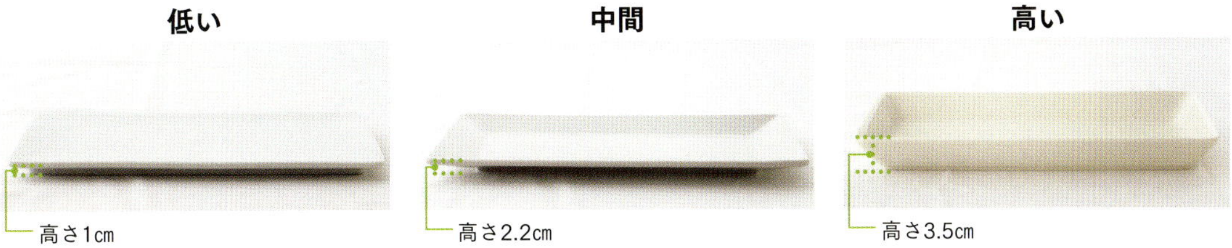

高さを考えるポイントは使うシーンや用途

リムの立ち上がりは、料理を盛りつけやすく、また、食べやすいようにサポートしてくれる。長角皿は特に幅が狭いのでリムの役割は大きい。日常使い、おもてなし、パーティーなど使うシーンを考えて、セレクトしたい。

同じ料理を違うお皿に盛りつける

今まで、丸皿、角皿、オーバル皿、長角皿のそれぞれの特徴やセレクトポイントを解説してきた。では実際に、料理を盛りつけたらどのような印象を受けるのか？　丸皿で、サイズ、リムの幅、高さ（お皿の立ち上がり）が違うそれぞれのお皿に同じ大きさで形抜いたサーモンのタルタルをのせて実際に比較する。また、丸皿、角皿、オーバル皿、長角皿それぞれにものせ、お皿の形によりどのような効果があるか検証する。視覚的な印象は個人的に受け止め方が違うので、それぞれに見て感じて欲しい。

1. サイズの違うお皿に盛りつける

大

直径 26cm

お皿にサーモンのタルタルをのせても十分な余白がある。スタイリッシュな印象を受ける。

中

直径 23cm

リム、お皿の余白、サーモンのバランスがとれた状態。安定感がある。

小

直径 20cm

お皿の余白が小さいので、サーモンのボリュームが強調され大きく見える。

ポイント

大きなお皿に盛りつけると、お皿の空間に余裕と緊張感が生まれ高級な料理に見える。逆にお皿が小さくなるとスペースに余裕がなくなり、同じ大きさの料理がボリュームアップして見える。カジュアルなシーンではお皿一杯に盛りつけてある方が満足感がアップし美味しそうに見える。

2. リム幅の違うお皿の盛りつける

リム幅が広いと、盛りつけられるスペースが狭まり、料理に目線が集中する。モダンな盛りつけになる。

大
リム幅 6.4㎝

贅沢なスペース使いで、余裕を感じる盛りつけは高級感を演出している。

中
リム幅 4.5㎝

小
リム幅 2.8㎝

リム幅が小さいとカジュアルな印象を受ける。安定感があるので、気軽な日常使いで活用したい。

フラット
リム幅 0㎝

リムがないと、デザイン性が一気に高まる。ソースやハーブなどでデコレーションしたくなる。

ポイント

リム幅が広いとモダンでスタイリッシュな盛りつけになる。また、リム幅が狭まるとカジュアルな印象を受ける。ただし、お皿にフラットなスペースが広がるので、ソースやスパイス、ハーブなどでデザインを描くことができるようになる。盛りつけ次第で変わる。

同じ料理を違うお皿に盛りつける

盛りつけるお皿が違うだけで全く違う雰囲気に見える。
お皿は料理で伝えたいメッセージの表現をサポートしてくれる心強いアイテムだ。

3. 高さ（お皿の立ち上がり）の違うお皿に盛りつける

低い

高さ 0.5㎝

フラットなスペースはデザイン心を刺激する。スタイリッシュにデコレーションしたいときにお勧めのお皿。

中間

高さ 2.4㎝

お皿、サーモン、余白が整っておりバランスのいい盛りつけ。

高い

高さ 4.8㎝

お皿の立ち上がりが、サーモンと接近しているので、サーモンの立体感が強調される。

ポイント

デザイン性を高めたいときはできるだけフラットなお皿を、立体感のある仕上げを望むなら立ち上がりが高いお皿をセレクトするのがお勧めだ。

4. 形の違うお皿に盛りつける

丸皿

非常にバランスのとれた安心感のある盛りつけになっている。

長角皿

落ち着きのある安定感が感じられる。

角皿

緊張感があるクールなイメージ。固い畏まった印象になる。

オーバル皿

カジュアルで暖かみのある雰囲気。

ポイント

デザインの発想で考えると、お皿の形から既にイメージが発信されているので、同じ大きさの同じ料理を盛りつけても、印象が大きく変わる。また、お皿のラインと料理のラインに統一感があるかないか、お皿の形により得手不得手とする盛りつけ手法などもあるのでお皿をセレクトするときに注意が必要だ。大きな意味でお皿の印象の違いを押さえておき、実際に料理を盛りつけるときに役立てたい。

2章

デザインから考える盛りつけ
（基礎編）

料理で伝えたいメッセージを効果的に表現するためにデザインのベーシックに基づいた視覚心理の法則を活用して盛りつけの構成を考案した。特に、盛りつけで表現しやすいと思われるデザインの基本要素の中から「点」「線」「面」「立体」「色」「空間（バランス）」を表現できる構成を考えた。あくまでもベーシックなスタイル。デザインで考える図、実際にお皿に食材をのせさた写真、具体的に料理に落とし込んだお皿を数皿紹介する。

点

point

デザインを考える上で基本の要素である「点」。位置を示したり、向きやバランスを表す。日常で見る機会も多く、これらの中には感情的な表現をみることができる。

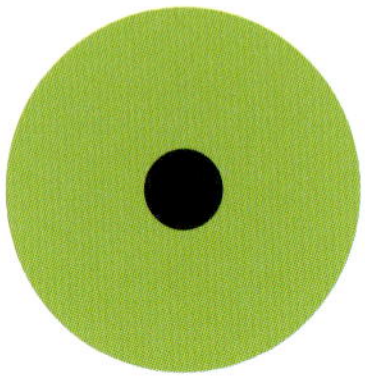

大きさ（小）

大きさ（大）

位置（上）

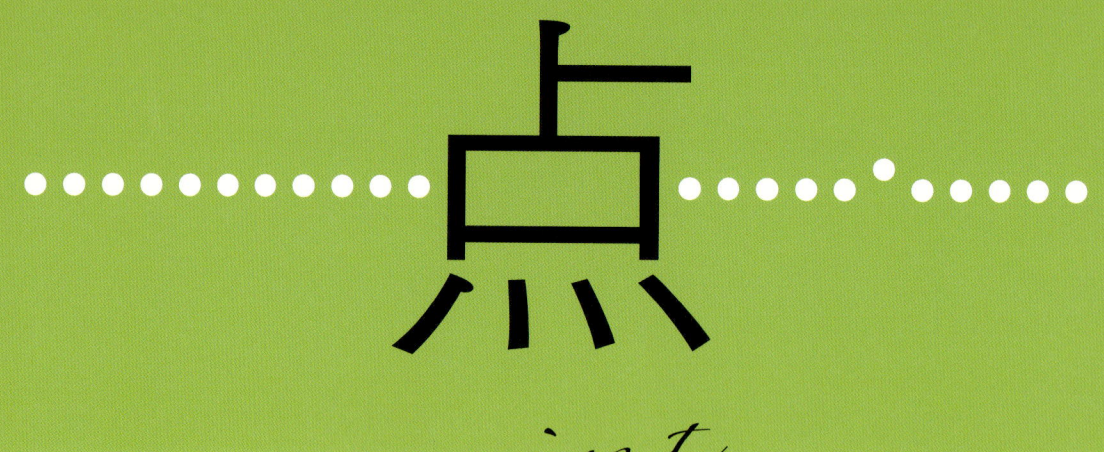

位置（下）

向き（上へ）

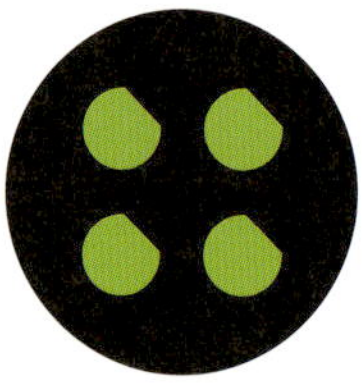

向き（左斜め上へ）

複数の点（直線）

複数の点（曲線）

デザインにおける「点」

「点」はデザインの最小の基本形態

「点」とは「数学で、位置だけがあって大きさのないもの。線と線が交わった所。有限直線の端。」（三省堂『広辞林』第六版より）とある。しかし、デザインにおいては、その存在や位置、大きさや形と合わせて表現する１つの要素であると考える。
「点」を空間のどこに置くか、どのような形にするか、「点」を複数使いどう組み合わせるかなど、表現によりその意味合いが大きく変わる。これらは「点」と空間の間に生まれる様々な響となり、私たちはいろいろな感情をそこから読み取ることができる。
つまり、「点」で表現することが、見る側（受け手側）にメッセージとして伝わり、心理的な感情を生むことになる。「点」はデザインにおいて、とても大きな役割を担っている。

盛りつけで「点」を生かす

デザインの「点」を料理に置き換えて
お皿との空間バランスを考えて盛りつける

同じ料理でもお皿に置く大きさや形、位置などにより、料理の印象が大きく変わる。ボリューム満点な家庭的料理を目指すのであれば、お皿に対して大きめに、中央に存在感たっぷりに盛りつけるであろうし、また、お洒落なおもてなしの一皿を目指すならば、大きめなお皿に品よく少量盛りつけ、お皿の空間を贅沢に使ったスタイリッシュな一皿にするであろう。これは、「点」の大きさの小（集中）と大（存在感）の発想と同じだ。
「点」はデザインの最小の基本形態であるとともに、様々な感情を伝えられるエレメントでもある。どのような盛りつけを目指すかを考え、まずは「点」のデザインの基本の図から心理感情が近いものをセレクトしイメージを広げて盛りつけを考える。

大きさ

「点」の存在を表現する上で大きさは重要だ。空間（お皿）とのバランスで印象が大きく変化するからだ。食材をどのような大きさにカットするか、どれくらいの量の料理を盛りつけるか考慮が必要だ。

小（集中）

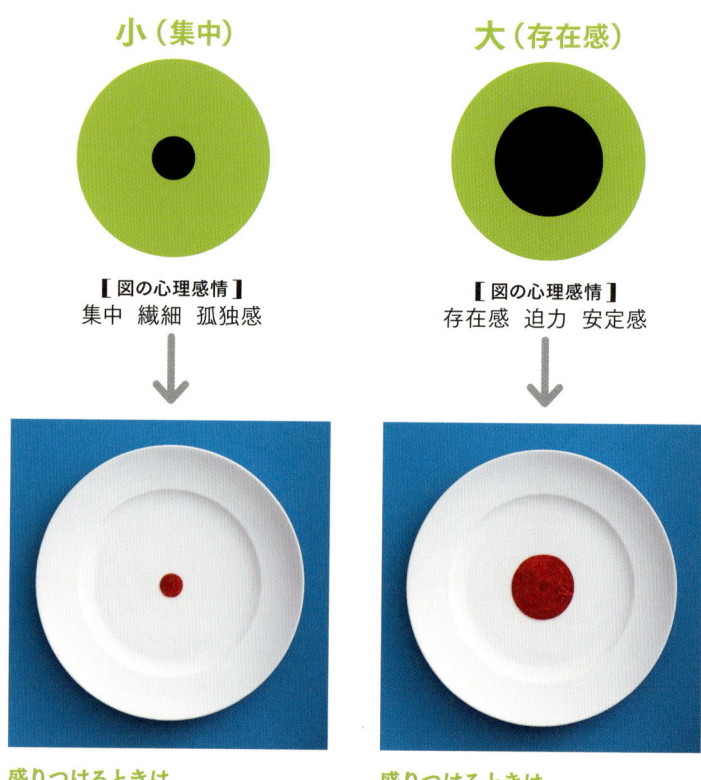

【図の心理感情】
集中　繊細　孤独感

盛りつけるときは

点の面積が小さいので、すべての視線が一点に注がれ、緊迫感が生まれる。また、空間にぽつりとあることで孤立感も伺える。中心に配置されることで安定感がある。スタイリッシュな盛りつけに。

大（存在感）

【図の心理感情】
存在感　迫力　安定感

盛りつけるときは

面積が大きいので、存在感が強調され、迫力が感じられる。また、どっしりとした安定感に落ち着きを感じる。ボリュームある暖かみのある盛りつけ、家庭料理やビストロ・メニューに。

大きさ[小(集中)]で考える盛りつけ

小振りな料理に旨味を凝縮させる

贅沢な食材を使った料理や、濃厚な料理をあえて小さなサイズで提供することで、
インパクトを高める

ミニトマトのファルシー

Recipe

ミニトマトは湯むきして中の種を出し、カニ缶、角切りにしたアボカド、レモン汁、タルタルソースを混ぜた物を中に詰める。

盛りつけポイント

食材の種類も多く贅沢なファルス（P.105 参照）をあえて、ミニトマトに詰めることでその中身を凝縮、旨味と見た目、両者を際立たせている。

大きさ[大(存在感)]で考える盛りつけ

ボリュームのある料理でカジュアル感を演出する

迫力あるサイズの料理は心とお腹を満たしてくれる。
日常に食べたいご馳走料理の盛りつけ。

ライスコロッケ

Recipe

ごはんに生クリーム、刻んだパルミジャーノレッジャーノ、塩、こしょうを加え炒め、とろみがついたら火を止め粗熱をとる。そこへ卵黄を加え混ぜしっかり冷ましてから丸め小麦粉、卵、パン粉をつけて揚げる。あればベビーリーフを飾る。

盛りつけポイント

シンプルな料理を中央に置くだけで、そのものの存在感が引き立つ。ベビーリーフを添えると華やかになる。家庭的な盛りつけになる。

COLUMN 錯視 1

錯視とは目の錯覚のことで、私たちが見間違いを起こし、見かけと実際の物とが違うものに見えることをいう。目で見た物は網膜で画像として捉えられるが、この情報が脳に送られ最終的にどのような物を見ているのか判断される。錯視は脳が作り出すものともいえる。盛りつけにおいても錯視は起こりうる現象だ。上手に活用すれば見る人に視覚効果をもたらすことが可能だ。

★エビングハウス錯視

中央に置かれた2つの同じ大きさの円は周りを囲まれたものの大きさに影響を受ける。実際に大きい円で囲まれた円は小さい円に囲まれた円より小さく見える。円を他の図形の形に変えても同じ原理で似た錯視の図を作れる。

※エビングハウス錯視、19世紀末にエビングハウス（H.Ebbinghaus）やティチェナー（E.B.Titchener）が発見したといわれている。

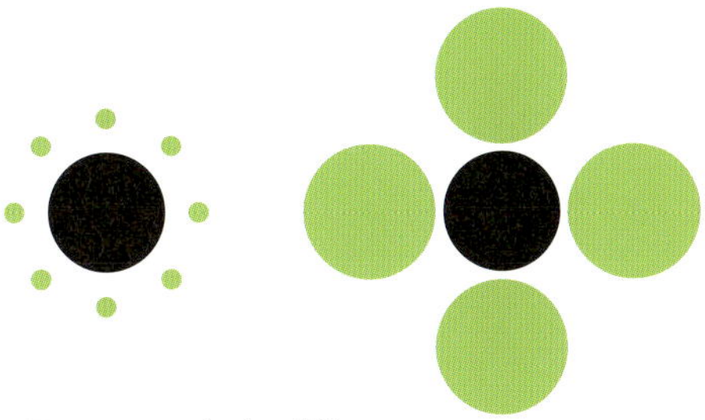

図1　エビングハウス錯視

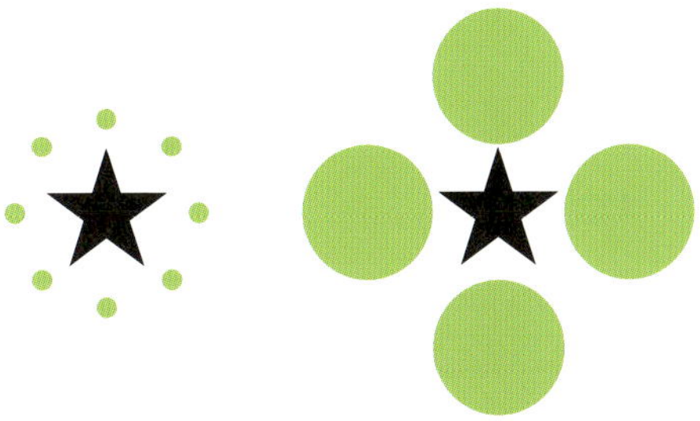

図2　円とは違う図形でもまた、囲む図形が違う形でも同じような効果が得られる。

★デルブーフ錯視

同じ大きさの2つの円において、ひとつは大きな円に囲まれる、もうひとつは小さな円に囲まれると、後者の方が円は大きく見える。図形は円と違う形でも同じような錯視は起こる。

※デルブーフ錯視は19世紀中頃のデルブーフ（M.J.Delboeuf）によって発見された。

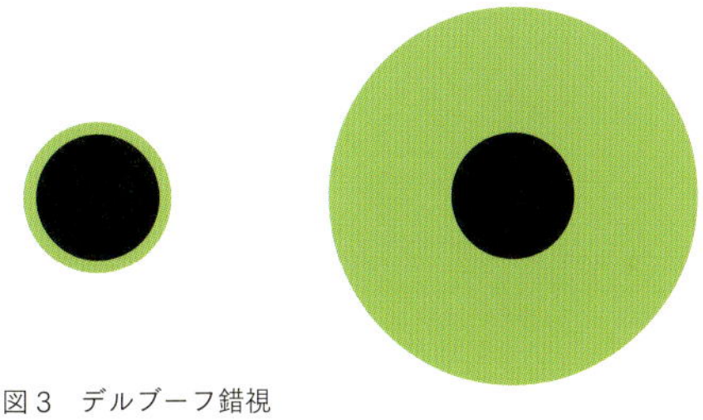

図3　デルブーフ錯視

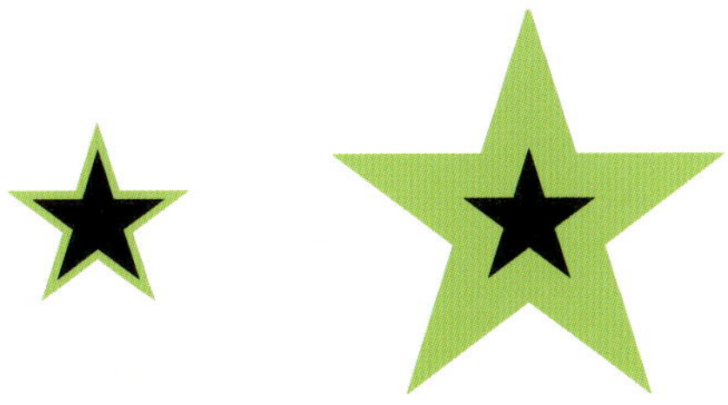

図4　図形の形を変えてもデルブーフ錯視と同じような効果が得られる。

位置

空間（お皿）のどこに「点」を置くかで、そこから受けるメッセージは変化していく。また、「点」が配置された余白にも何らかの意味や感情を抱くことができる。「点」の位置の影響は大きい。

上

【図の心理感情】
上昇　天　奥

盛りつけるときは

上昇していくような軽やかさを表現できる。また、奥行きを表現ことにより、料理の世界の空間性をお皿の手前に感じる。

下

【図の心理感情】
冷静　落ち着き　地　手前

盛りつけるときは

沈んだ静かなイメージがある。「点」から始まる広がりをお皿の奥手（空間）に感じるが、料理としては、アバンギャルドな配置。

右

【図の心理感情】
内　濃密さ　束縛

盛りつけるときは

「点」の位置だけで見ると、抑制された側であるが、逆にお皿の余白には解放された空間を感じることができる。緊張感のある一皿に。

左

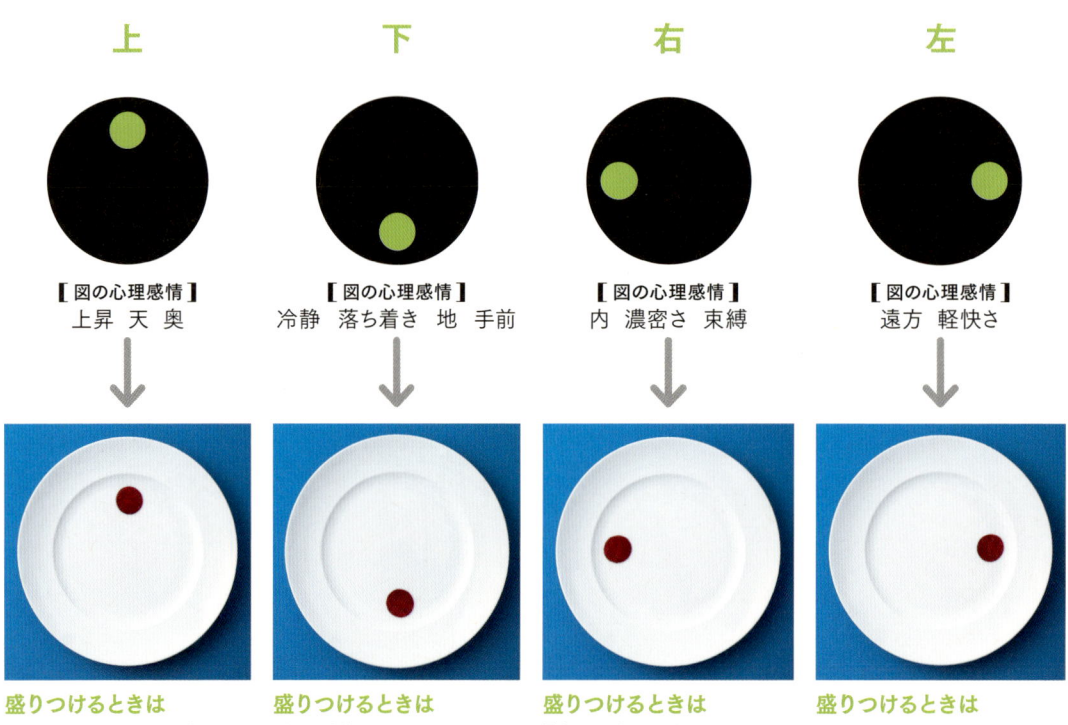

【図の心理感情】
遠方　軽快さ

盛りつけるときは

外へ向かっていく広がりや軽さがありつつも、お皿の中では、終点に到着したようなイメージも生まれる。落ち着いた盛りつけに。

※右左をどう捉えるかは、「図」と「見る側」のどちらを主体として考えるかで変わる。本書では「図」を主体とした右左として記す。

右下

【図の心理感情】
重み　静けさ　束縛

盛りつけるときは

落ち着いた沈んだイメージではあるが、お皿の空間を加味すると、ここの「点」から、何かが始まる心理感情も表現できる。静寂から動き出すようなパワーのある一品に。

左上

【図の心理感情】
解放感　自由　軽さ

盛りつけるときは

上昇感があるので自由で軽やかな盛りつけに向く。「点」にたどり着くまでの空間で上に昇っていくイメージが広がる。軽やかな料理で展開しやすい。

右上

【図の心理感情】
俯瞰

盛りつけるときは

上昇感があるものの右はもともと濃密感があるのでお皿の空間でみると「点」が下に向かって広がって行くように感じる。傍観しているような感情を持つ。

左下

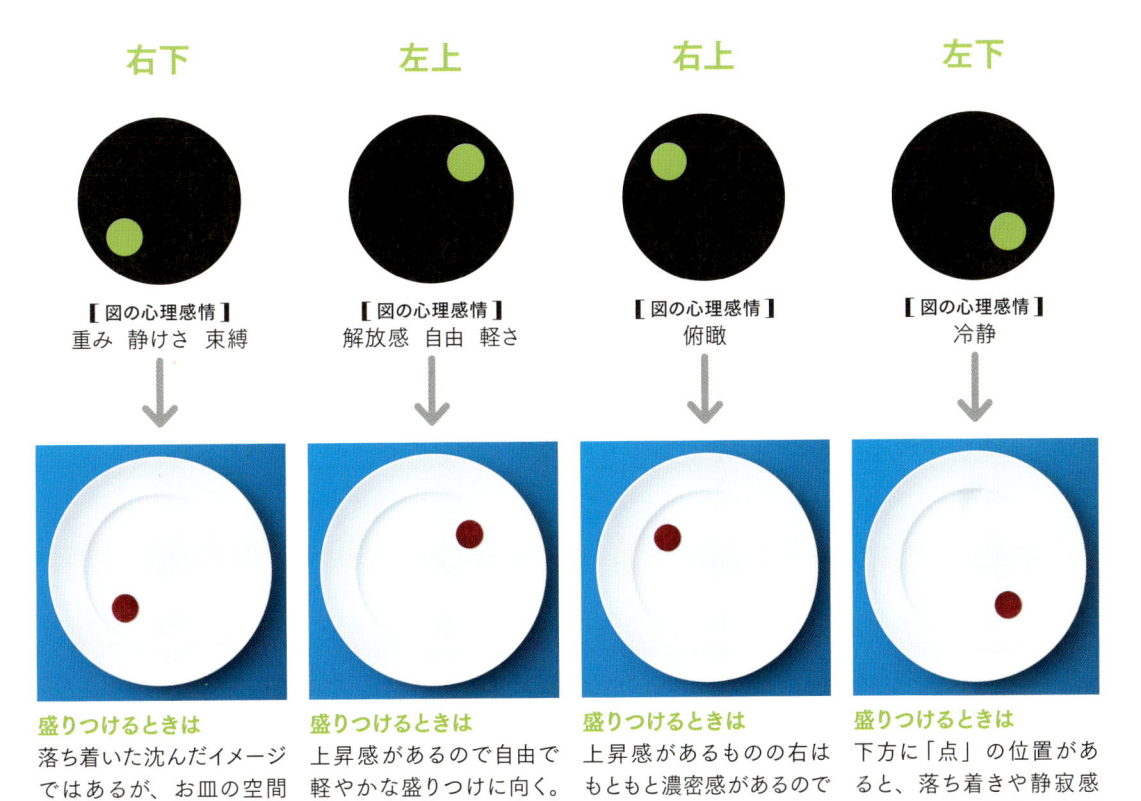

【図の心理感情】
冷静

盛りつけるときは

下方に「点」の位置があると、落ち着きや静寂感が生まれる。料理に重厚感を与えクールな一皿を演出できる。

位置(右)で考える盛りつけ

シンプルな盛りつけで料理とお皿の空間を表現する

余計なものを排除して凝縮されて作られた料理のお皿に広がるイメージを伝える。

ミニキッシュ

Recipe

市販の小さいパイ型に炒めた玉ねぎとベーコン、アパレイユ〈生クリーム、卵、チーズ〉を入れ200℃のオーブンで20～25分焼く。
器に盛りつけたら黒こしょう、セルフィーユを飾る。

盛りつけポイント

シンプルなキッシュに、セルフィーユと黒こしょうだけを添えて、お皿の空間を楽しむスタイル。華美な装飾をあえてしないことで、バランスをとる。

位置(上)で考える盛りつけ

料理の軽さを表現するための演出に

ヘルシーで軽いテイストの料理をより爽やかに見せる。

ホタテのポアレ
バジルとチーズのパウダー

Recipe

ホタテは塩、こしょうしてオリーブオイルを熱したフライパンで両面焼く。パルミジャーノレッジャーノとバジル、すりおろしたニンニク、塩こしょうをミキサーに入れ粉状にする。ホタテを盛りつけ上から粉状のソースをのせる。

盛りつけポイント

ホタテの白とバジルとチーズのパウダーのグリーンで爽やかさを出した料理は、お皿の上（位置）に盛りつけることで、より軽やかなテイストをイメージできる。

位置(左下)で考える盛りつけ

華やかな料理を落ち着いた印象に見せる

装飾や食材の豪華さを、あえてクールに演出する配置。重厚感をプラスしたいときに。

スモークサーモンのブリニ

Recipe

ランプフィッシュの卵を皿に敷き市販のミニブリニをのせ、刻んだ紫玉ねぎ、サワークリーム、スモークサーモン、ディルをのせる。

盛りつけポイント

繊細に彩りよく盛りつけられたブリニを、左下に配置したことで、小さいながらも豪華な一品に安定感が生まれる。

向き

「点」自体の形に基づく向きにより、空間（お皿）の中で方向性が見えてくる。料理でいう「顔」（または「食材の顔」）の向きを統一することにより同じ効果が得られる。

上へ

【図の心理感情】
上昇　軽快さ

盛りつけるときは
上に向かっていく軽やかさが感じられる方向性は気持ちを高揚させる。料理への期待感を高め、わくわく感を演出してくれる。

下へ

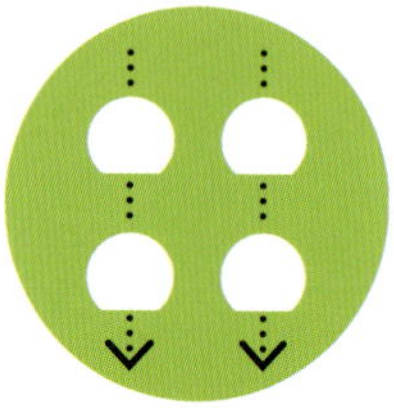

【図の心理感情】
静寂　減退　落ち着き

盛りつけるときは
下方に進む構成は、繊細さと落ち着きを感じる。食材の形により安定感のある盛りつけを可能にする。

右へ

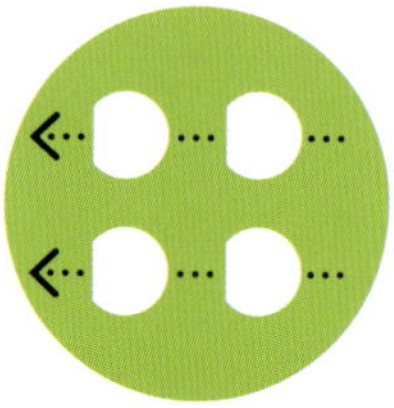

【図の心理感情】
内向性　抑制

盛りつけるときは
内に向かっていく方向性とは、食材の本質を追求する感情と似ている。食材を喚起するような盛りつけを試したい。

左へ

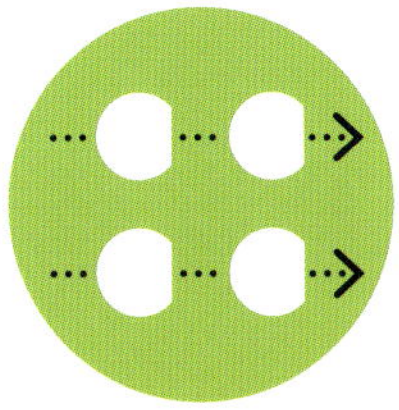

【図の心理感情】
外交的　解放感

盛りつけるときは
外に向かっていく方向性は、従来の縛りから解放され、新たなイメージを作り上げる。食材を自由な発想のもとで可能性を試す料理の盛りつけに活用したい。

右斜め上へ

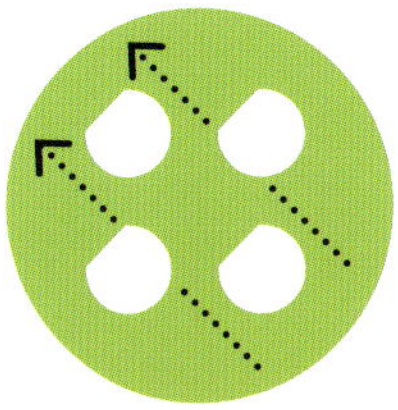

【図の心理感情】
爽快　解放感　リラックス

盛りつけるときは
明るく軽快なイメージのある方向性で、和やかな空間が作られる。明るい爽やかな料理の盛りつけに生かしたい。

左斜め上へ

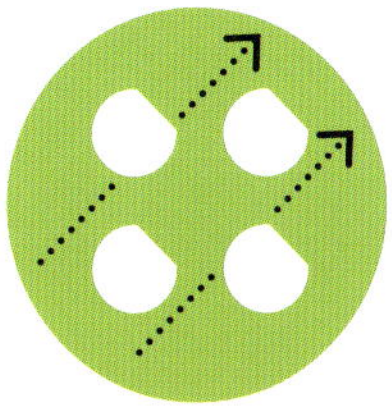

【図の心理感情】
穏やかな緊張　柔軟な　中庸

盛りつけるときは
極端な状態ではない、心地よい緊張感がある空間。すべてのものを受け入れる柔軟性があるので、あえて、チャレンジ的な盛りつけを試みたい。

向き（下へ）で考える盛りつけ

素材の形そのものを生かして動きを作る

食材の形をそのまま使って盛りつけることにより、料理をお皿に置くだけで方向性が生まれる。
食材の顔を意識して盛りつけると、食材の美しさがより引き立つ。

アサリのエスカベッシュ

Recipe

アサリはワイン蒸しにして身をはずし貝殻もはずす。貝殻にアサリを戻しいれレモンドレッシングで和えた角切りのきゅうり、人参、セロリ、ラディッシュをのせる。あればクレソンを飾る。

盛りつけポイント

アサリの貝殻を生かし、方向が自然と作られ動きのある盛りつけになる。料理に安定感があり、貝殻のフォルムと小さくさいの目切りされた彩りのよい野菜の愛らしさが演出されている。

向き（右斜め上へ）で考える盛りつけ

料理の顔がわかるように組み立て盛りつける

どこか一カ所にポイント（ハーブをのせるなど）を作り料理の顔がわかるように仕立てお皿に盛りつけると方向性が見えやすくなる。

スモークサーモンの大根包み

Recipe

２色の大根は薄切りにして軽くしんなりさせ、大根の大きさに合わせて型抜きしたスモークサーモンを２枚重ねピンで留める。スモークサーモンの上にゆで卵の黄身をミモザにしてのせセルフィーユを飾る。

盛りつけポイント

スモークサーモンが見える分量はピンを止めるときに一方を多く出すようにし、更にハーブなどで飾ると料理の顔が分かりやすくなる。斜め上に上昇していく軽やかなイメージの前菜に仕上がる。

複数の点

「点」が複数集まるとお互いの間に響きが生まれ、目に見えない線が現れる。動きやリズム、形、時間の流れなどまで表現ができる。

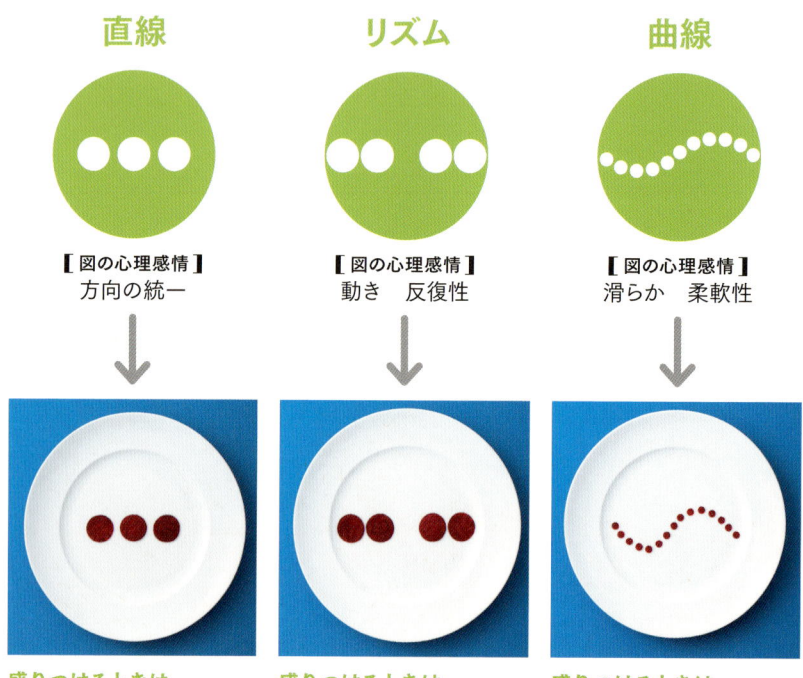

直線

【図の心理感情】
方向の統一

盛りつけるときは

統一感が生まれるこの配置は、盛りつけでも多く活用されている。統制のとれた凛とした盛りつけになる。

リズム

【図の心理感情】
動き　反復性

盛りつけるときは

静止している「点」であるが、複数で同じ配置を繰り返すことによりリズムが生まれる。音楽を奏でるような印象になる。

曲線

【図の心理感情】
滑らか　柔軟性

盛りつけるときは

波形の曲線はその半径により緊張感が変化、滑らかさに影響する。「点」で作る曲線はシンプルなものに傾く。ソフトなイメージを出したいときに。

円

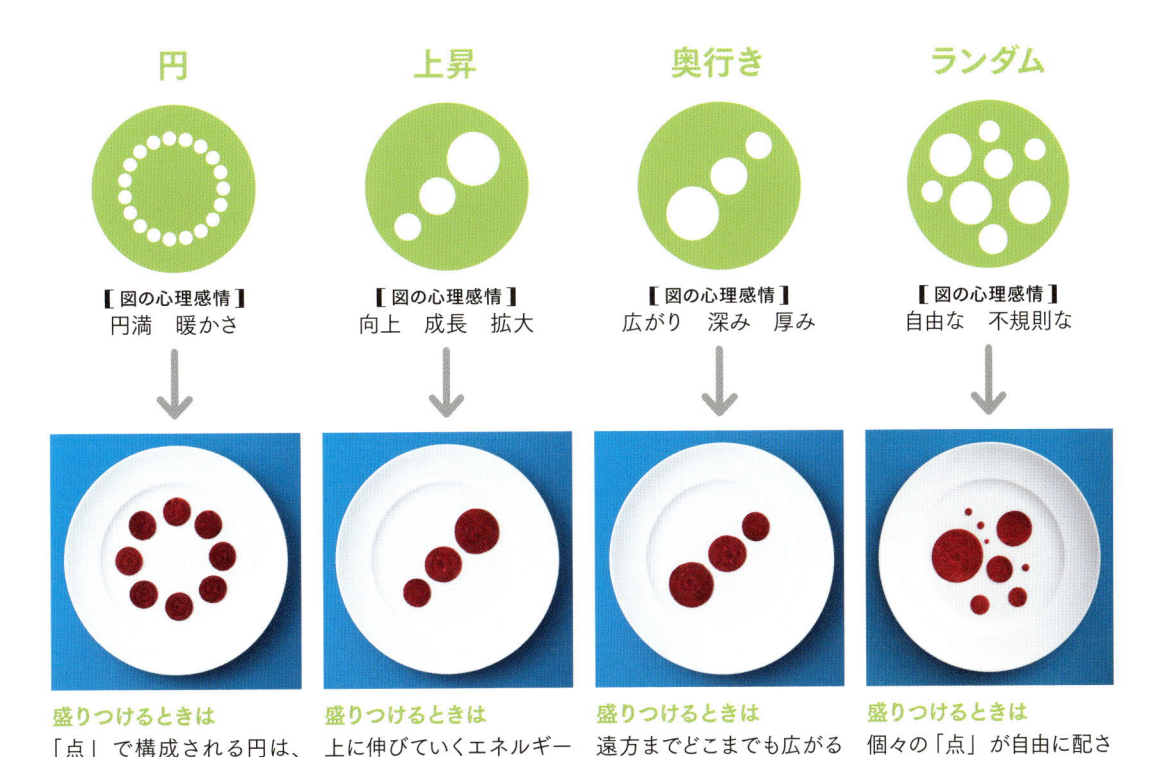

【図の心理感情】
円満　暖かさ

盛りつけるときは
「点」で構成される円は、線で描かれる円より情緒的である。あえて、完全に描かれている円ではないことで暖かみが生まれる。

上昇

【図の心理感情】
向上　成長　拡大

盛りつけるときは
上に伸びていくエネルギーのある構成。「点」が大きくなる様は空間に勢いや迫力を感じる。力強い盛りつけに。

奥行き

【図の心理感情】
広がり　深み　厚み

盛りつけるときは
遠方までどこまでも広がるようなスケールを感じる構成。「点」の大きさのグラデーションが空間の広がりを感じる盛りつけを演出してくれる。

ランダム

【図の心理感情】
自由な　不規則な

盛りつけるときは
個々の「点」が自由に配されることにより、お互いの個性が響き合う構成。何からも抑圧されない自然なスタイルを目指す盛りつけに生かされる。

複数の点（ランダム）で考える盛りつけ

食材の形を揃えて不規則に配する

食材を同じ形（カットする場合も含む）に揃えると、大きさがバラバラであっても、
また、規則性なく配置しても統一感がうまれる。

ルビーオニオンとビーンズのサラダ

Recipe

スライスしたルビーオニオンと湯通ししたミックスビーンズはフレンチドレッシングでマリネしておく。お好みの形のルビーオニオンとミックスビーンズをお皿にランダムに並べる。あればセルフィーユを散らす。

盛りつけポイント

サイズ違いのルビーオニオンのスライスの中心部をいくつか取りドーナツ状にしたもの、また、ビーンズ自体の形も“丸”というキーワードで統一されており、自由に配置されていてもまとまりある盛りつけになっている。

複数の点（曲線）で考える盛りつけ

小さな食材や粘性の高いソースなどでラインを作る

滑らかな曲線を「点」で表現するときは、比較的小さめな食材、または、食材を小さめにカットする。
ソースで表現するには粘度が高い方が表情を出しやすい。

マイクロトマトとアボカドのディップ

Recipe

アボカド、レモン汁、サワークリーム、クリームチーズを混ぜたソースを曲線状に点で置き、その上にマイクロトマトを一粒ずつ並べる。あればベビーリーフを飾る。

盛りつけポイント

曲線のソフトな流れを小さなサイズのマイクロトマトで表すことにより可愛らしい表情になっている。アボカドディップがアクセントに。

複数の点（上昇）で考える盛りつけ

食材の形を生かして伸びやかさを表現する

食材のフォルムを生かしたグラデーションは、暖かみのある自然な流れの成長過程が想像できる。

根菜のマリネ

Recipe

細めのレンコン、人参、ごぼうは輪切りにして下茹でし、あたたかいうちにクミン入りのドレッシングに漬け冷蔵庫で冷やす。サイズを大きいものから小さいものに並べる。

盛りつけポイント

食材のフォルムとサイズを生かした盛りつけ。根菜の成長するパワーが上昇の配置による心理感情とマッチしている。

線

line

幾何学でいう「線」とは目に見えない存在であり、「点」が動く軌跡である。しかし、デザインにおいて「線」の役割は大きい。ものの形を表すだけではなく、動きや抽象的な概念、空間を表現することもできる。

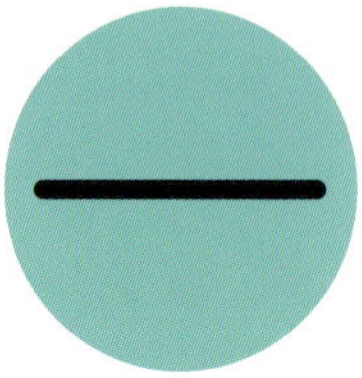

直線

曲線

角度（鋭角 60°）

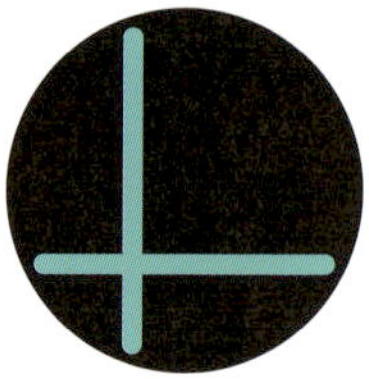

水平 / 垂直

螺旋

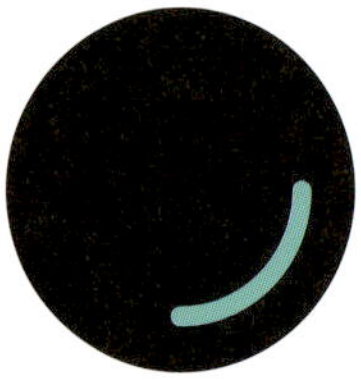

放物線

輪郭（正方形）

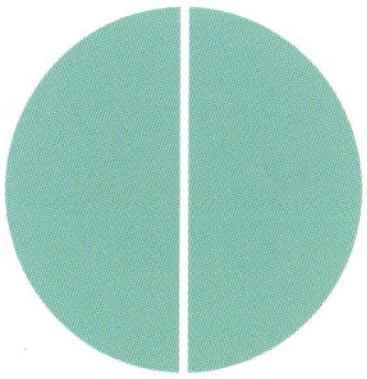

分割（縦）

デザインにおける「線」

「線」は物事の形状を表すだけではなく
動きや空間などを作り出す

「線」は数学において「位置および長さはあるが、幅および厚さがないもの。点が動いてできたもの。…」（三省堂『広辞林』第六版より）とされている。
つまり、「線」は幾何学的には見る事はできないものであるが、デザインにおいては「線」に太さを付加、方向性などを示す事でいろいろなイメージを表現することができるようになる。物事の形状や動き、空間など多種多様な事柄を描く重要な要素である。

「線」を料理に生かす

「線」の視覚効果はソースの描き方で活用する

西洋料理においてソースは料理を左右し食材の味を引き立てる重要な調味料である。また、料理を盛りつける上で、見た目の美しさを引き出す大きな役目も担っている。
料理では食材、ソースの響き合いがとても重要になるが、うまくバランスがとれない事も多い。ソースをお皿に描く上で「線」の表現は非常に活用しやすい。「線」で表現されている心理感情、基本の図を参考に、盛りつけで意図したい表現をオリジナリティあるものに発展させたい。

直線・曲線

直線は「点」が外からの力によりある方向に動いたもの。同様に、曲線は２つの外部からの力が同時にかかるが、一方の力がいつも勝っているときに生まれる。この２つが「線」の最も基本となる。

直線（水平）

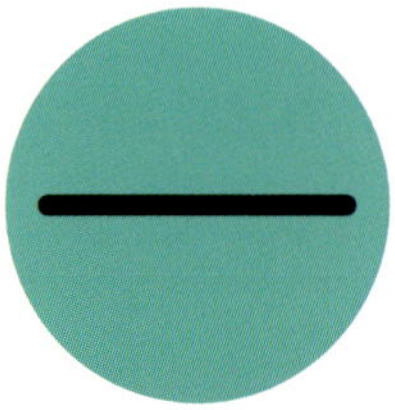

【図の心理感情】
無限性　冷たさ

盛りつけるときは
最も簡潔な「線」のひとつ。平に広がっていくイメージがあり、冷たさがある。シンプルな直線であるが、畏まった固い印象になるので、効果的に使いたい。

直線（垂直）

【図の心理感情】
直角　高さ　暖かさ

盛りつけるときは
水平と対立する関係であり、暖かい無限の可能性が表現される。最もシンプルな「線」でありながら安心感を与えてくれる。

曲線（同じ半径の波線）

【図の心理感情】
緊張と融和　均一

盛りつけるときは
外部からの緊張が同じテンションでかかっている曲線はとても規則的に見える。柔らかさがありつつも統制のあるバランスのよい盛りつけになる。

曲線（自由な波線）

【図の心理感情】
自由　不規則

盛りつけるときは
外部からの圧力が不規則にかかっている曲線。自由で伸びやかな個性的な表現が可能であり、盛りつけで活用しやすい。

直線（水平）で考える盛りつけ

食材のフォルムをソースと重ねる

食材の形や切り方を直線のように長細くする事で、ソースとの一体感が生まれる。

わさびマッシュとあぶり漬けマグロ

Recipe

マグロは醤油と酒で漬けにする。マグロの全面を熱したフライパンでサッとあぶり 2.5cm の厚さに切る。生クリームで緩めにしたマッシュポテトにわさびを加える。色が足りないときは抹茶で色を足す。皿にわさびマッシュでラインをひき、上にあぶった漬けマグロをのせる。紫芽をアクセントにのせる。

盛りつけポイント

食材であるマグロ、ソースの配置でシンプルな水平のラインが現れる。きれいなグリーンのわさびマッシュで緊張感が和らぎ調和のとれた盛りつけになる。

曲線（自由な波線）で考える盛りつけ

自由に描かれたソースで料理に動きが生まれる

シンプルな料理もソースの色や描かれ方で、躍動感のある盛りつけになる。

手羽先チューリップの唐揚げ　チリソース

Recipe

手羽先の骨を一本にしてチューリップを作り、塩、こしょう、生姜で下味をつけ、片栗粉をまぶし180℃の油で揚げる。皿にチリソースで曲線をかき、唐揚げを盛つける。あればセルフィーユを飾る。

盛りつけポイント

チリソースで不規則で自由なラインを描くことにより、お皿にリズムが生まれる。セルフィーユで引き締め効果が見られる。

角度（斜線）

「角度」とは２本の直線が交わる間の開きのことであり、２つの力の衝突の結果でできる。「角度」の性質はその開きの大きさにより異なる。料理に落とし込みやすいように本書では「角度」は「斜線の傾斜の角度」として捉える。

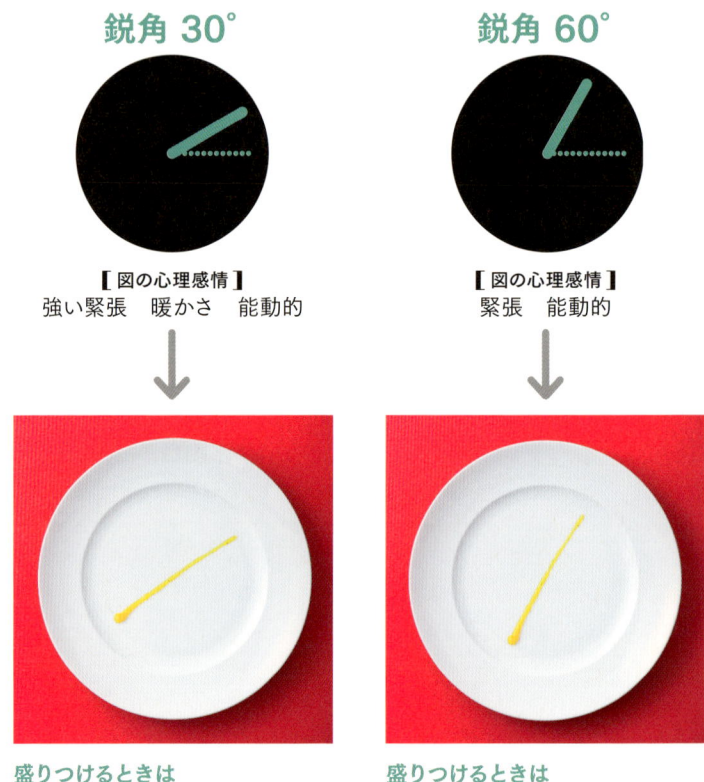

鋭角 30°

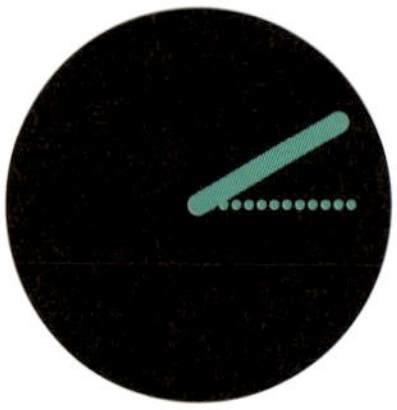

【図の心理感情】
強い緊張　暖かさ　能動的

盛りつけるときは
外に向かう力がありつつも強いテンションがかかり緊張の度合いが高まる。エネルギッシュで力のある盛りつけに向く。

鋭角 60°

【図の心理感情】
緊張　能動的

盛りつけるときは
外へと向かうパワーが前面に出ている角度。料理に動きや勢いをイメージさせたい盛りつけに試したい。

直角 90°

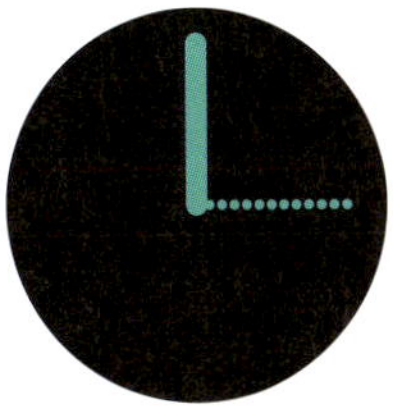

【図の心理感情】
客観的　冷静

盛りつけるときは

水平線と垂直線が交わり作る角度が直角である。両極端な性質を同時に持つため、非常に冷静で無機質な印象になる。

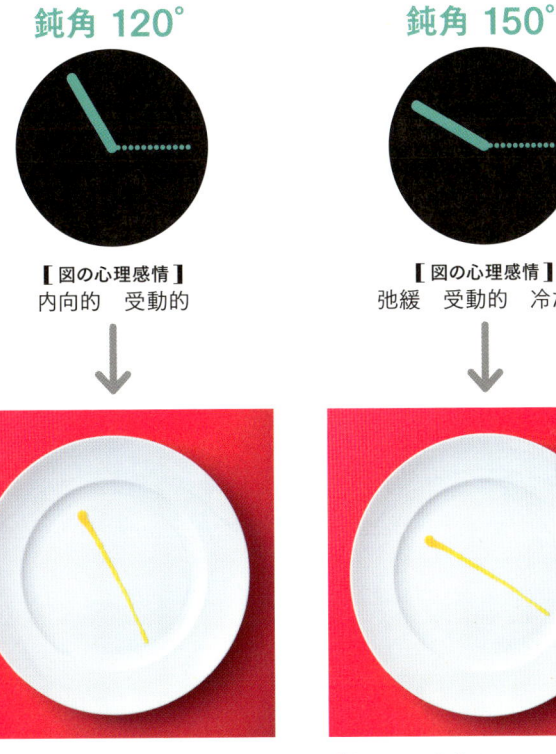

鈍角 120°

【図の心理感情】
内向的　受動的

盛りつけるときは

内に向かう力が作用している角度である。少し、繊細なイメージを出したいときに試したい。

鈍角 150°

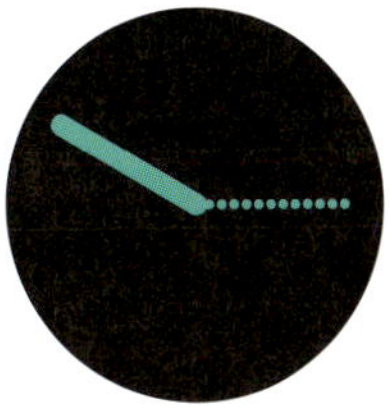

【図の心理感情】
弛緩　受動的　冷たさ

盛りつけるときは

緊張が緩んだ脱力感や受動性が感じられるが、相反して、限りなく180°に近づくにつれ平面が意識されてくる。

角度（鋭角 60°）で考える盛りつけ

外へ向かう弾けるパワーをソースの勢いで表現

外に飛び出していこうとする動きを表現する角度に鋭さやスピード感を感じる。
料理に勢いや活力が加味される。

ミニ春巻き　からしケチャップソース

Recipe

春巻きの皮を4分の1のサイズにしてバジルとアボカド、モッツァレラチーズを入れ、塩、こしょうし小さく巻く。160℃の油で色よく揚げる。ハケで皿にケチャップとからしの刷毛目をつけ、上に春巻きをのせる。

盛りつけポイント

ケチャップとからし、2色で線を描く事により、より強い外に向かうパワーが表現されている。勢いを感じる盛りつけである。

角度（鋭角 30°）で考える盛りつけ

エネルギッシュなパワーをソースの力強さで表現

外へ向かうエネルギーと押さえ込もうとする強い緊張が共存する角度。
ダイナミックな力強さが演出される。

根菜のソテー　バルサミコソース

Recipe

輪切りにしたレンコン、ニンニク、ルビーオニオン、ミニみょうがを塩、こしょうしてフライパンで焼き色がつくまで焼く。バルサミコソースで皿に刷毛目をつけ、上に焼いた根菜をのせる。

盛りつけポイント

最も緊張を受ける角度をバルサミコソースの線の太さがしっかり受け止めている印象を受ける。根菜の持つパワーと融合し力強い盛りつけになっている。

複数の直線

２本以上の「線」が同じ空間にあるとき、その「線」はお互いにどのような響きを醸し出すのか。盛りつけにおいてもベースの発想になるような例を取り上げる。

水平線 / 垂直線

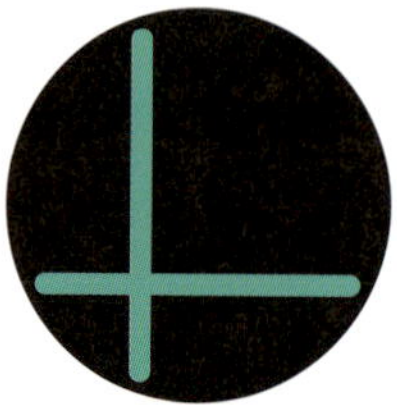

【図の心理感情】
客観的　冷たさ

盛りつけるときは

対極にある２種の線の交差は力関係が等しく緊張が釣り合った状態である。バランスのとれた盛りつけになる。

水平線 / 垂直線 / 斜線

【図の心理感情】
沈黙　硬直

盛りつけるときは

すべての線への力が集合し、動かない印象を受ける。それぞれの線の長さを不規則にかえると、劇的に躍動感が生まれる。

中心を共有する直線

【図の心理感情】
バランス

盛りつけるときは

自由な直線の図であるが、すべての線が中心を通ることによりお互いの緊張のバランスがとれる。思うままに描くことができるが、安定した盛りつけになる。

中心を共有しない直線
（共通の交差点あり）

【図の心理感情】
均衡と緩やかな緊張

盛りつけるときは

水平線と垂直線のバランスがとれた中で、自由な直線の存在でゆるやかな響きがイメージされる。落ち着いた中にも遊び心が付加できる。

中心を共有しない直線
（共通の交差点なし）

【図の心理感情】
自由　緊張

盛りつけるときは

自由な直線がそれぞれお互いに影響し合いながら存在している。その緊張は不安定でありながら可能性を秘める。自由な発想の盛りつけに使いたい。

複数の直線（中心を共有する直線）で考える盛りつけ

線を描く長さを変えて動きを出す

自由に描かれた直線も中心を通ることで安定した印象になる。躍動感やリズムを出すために、線の長さを変えると効果的である。

ステーキフリット

Recipe

牛肉は塩、こしょうをふり、熱したフライパンでステーキにする。じゃがいもは角切りにして揚げ、塩をふってフライドポテトにする。皿にデミグラスソースでラインを描き、切り分けたステーキとフライドポテトをのせる。

盛りつけポイント

細長くカットしたステーキ、角切りにしたフライドポテトのフォルム、描かれたソースはともに直線的あるが、自由にソースが描かれることにより動きのあるカジュアルな印象になる。

複数の直線[中心を共有しない直線（共通の交差点あり）]で考える盛りつけ

安心感と遊び心が共有するラインをソースで描く

食材のフォルムのバラエティさをソースで描いた落ち着きのある響きで盛りつけのバランスをとる。

マッシュルームと里芋、ベーコンのロースト

Recipe

ベーコンとコンソメで下茹でした里芋はオーブンで全体に焼き色をつける。皿にバジルソースでラインを描き、ローストした里芋、ベーコン、輪切りのマッシュルームを盛りつける。

盛りつけポイント

コロンとした丸い里芋、ドーナツ状になったマッシュルーム、長方形に切ったベーコンなど、バラエティ豊かな食材のフォルムを生かした盛りつけ。遊び心と冷静さの均衡のとれたソースのイメージで統一感が生まれている。

複数の直線（水平線／垂直線）で考える盛りつけ

ソースのラインで安定感をプラスする

メニューの奇抜さを落ち着きのあるソースのラインで、イメージを払拭する。

鯛のカルパッチョ　パプリカのムース添え

Recipe

トマトソースで皿にラインを描き、薄切りの鯛をのせ、焼いてペーストにしたパプリカに生クリーム、ゼラチンを加えムースにしたものを添える。黒こしょうを散らし、あればベビーリーフを飾る。

盛りつけポイント

斬新なメニューであるが、鯛の皮目の赤、パプリカムースのオレンジ、トマトソースなど、食材とソースを赤系でまとめた統一感のある盛りつけにソースのラインが合う。

放物線・円・螺《ら》旋《せん》

直線の持つ２つの緊張に打ち勝つような３つ目の緊張が生まれ、湾曲（放物線）ができる。また、２つの緊張が同じ条件で（一方の力が勝っており、その同じバランスで）前進していくと、曲線は円となる。螺旋はその緊張が不規則なときに作られる。直線に対抗するこれらの曲線は盛りつけにおいて非常に活用度が高い。

放物線①

【図の心理感情】
受動的　濃密化　減退

盛りつけるときは
下がっていく印象を受けるが、上昇していくための準備段階。落ち着きのある攻撃性のないイメージが欲しいときに。

放物線②

【図の心理感情】
能動的　上昇

盛りつけるときは
上昇の緊張が高められていく印象を受ける。食材の力や伸びやかさ、パワーを感じてほしいときに活用したい。

円

【図の心理感情】
円満　独立　成熟

盛りつけるときは
線として円を捉えたとき、正円は完璧すぎて食材を受けいれることが難しくなる。盛りつけでは多少不規則性を加味するとよい。

螺旋

【図の心理感情】
運動性　生命力

盛りつけるときは
螺旋は反復運動でありながら同じ位置を通ることはない。成長し続けるイメージがあるので、動きのある盛りつけに。

螺旋で考える盛りつけ

料理を螺旋の上のどこに置くかで印象が変わる

螺旋は反復運動であり、上昇していく緊張の強さが場所により異なるので
表現したい内容で料理の位置を変える。

テリーヌ　パプリカ・クリームソース

Recipe

豚挽肉、豚レバー、鶏レバー、玉ねぎ、エシャロット、塩、黒こしょう、グリーンペッパー、ブランデー、卵をミキサーにかけテリーヌ型に入れ湯せんしてオーブンで焼く。一晩冷蔵庫で冷やし切り分ける。皿にパプリカのクリームソースで螺旋を描きテリーヌをのせ、あればイタリアンパセリを散らす。

盛りつけポイント

螺旋の上昇の緊張が高められた位置（上方）にテリーヌを置くことにより高揚感が高まる。料理を頂くわくわく感が増す。

放物線②で考える盛りつけ

ソースで料理が重厚になりすぎないようにする

料理のボリュームや仕上がりの色などが重い印象にならないように、
上昇感があるラインをソースで描くことにより軽さを出す。

黒酢豚のマンゴーソース

Recipe

豚肉は一口大に切り衣をつけて揚げる。レンコンも一口大にして素揚げする。黒酢あんをひと煮立ちさせたところへ豚肉とレンコンを加えあえる。マンゴーのソースで皿に放射状のラインを描き、黒酢豚をのせる。

盛りつけポイント

豚肉とレンコンの揚げ物が、重いボリュームに偏りすぎないように、黄色のマンゴーソースで軽さを演出している。

円で考える盛りつけ

正円ではなく少し崩した円を描く

不規則に描いた円が料理と相性もよく個性を出す。
ソースを描くには正円は完璧なフォームすぎる。

金目鯛のソテー　バルサミコソース

Recipe

金目鯛は棒状に切り、塩、こしょうをしてニンニクの薄切りと共に熱したオリーブオイルでソテーする。皿にバルサミコソースで円を描き、金目鯛のソテー、レタス、セルフィーユを盛りつける。

盛りつけポイント

バランスよく盛りつけられた金目鯛にバルサミコソースで描かれた不規則な円をソースで描くことで洗練された盛りつけになる。

輪郭・分割

輪郭とは形を「線」で囲むことにより、その形自体を意識することである。また、分割とは空間に「線」を入れることにより、複数の空間を意識することである。「線」でありながら「面」に限りなく意識が近づく。

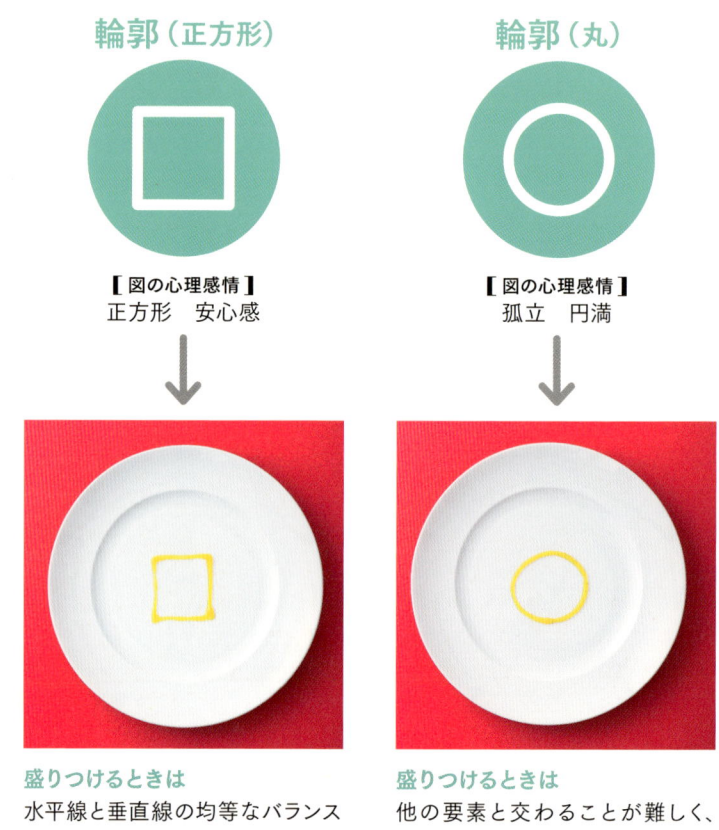

輪郭（正方形）

【図の心理感情】
正方形　安心感

盛りつけるときは
水平線と垂直線の均等なバランスのとれた形。安定感のある馴染みやすい盛りつけになる。

輪郭（丸）

【図の心理感情】
孤立　円満

盛りつけるときは
他の要素と交わることが難しく、象徴性を出したいときに使いたい。ただし、フリーハンドであれば暖かみのある盛りつけになる。

分割（縦）

【図の心理感情】
左右　それぞれの独立

盛りつけるときは
左右2つの空間が明確に意識され、お互いの関係性に注目がいく。全く別の料理を盛りつける、ソースと料理に分け関連性を出す、など意図が重要。

分割（横）

【図の心理感情】
上下　上方の重視

盛りつけるときは
上下に分けると、人の目の錯視により上方が大きく見え、注目が集まる。トリッキーな盛りつけで遊び心を発揮するのも面白い。

分割（黄金分割）

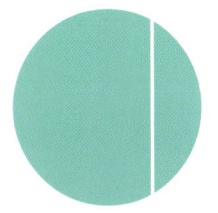

【図の心理感情】
美のバランス　黄金比

盛りつけるときは
古来より求められてきた美を作る比率、「黄金比」。自然界にもこの比率を持つ物が多く存在している。悩んだときは比率「1:1.618」を活用したい。

輪郭（正方形）で考える盛りつけ

手書きのラフさを生かした正方形の輪郭で遊び心を

きっちりと正方形にカットされた料理とざっくりとフリーハンドで描かれたソースのコントラストのほどよいバランスが取れた盛りつけ。

パセリ入りトルティージャ　オーロラソース

Recipe

刻んだパセリ、炒めたじゃがいも、玉ねぎを卵と混ぜ合わせる。フライパンにニンニクとオリーブオイルを熱しそこへ卵液を流し入れ、時々かき混ぜながら弱火で焼く。正方形に切り分け、回りにオーロラソースで輪郭をつける。

盛りつけポイント

ソースを手書きで正方形に描くと、カジュアルな暖かみのある盛りつけになる。丸い形のトルティージャをあえて正方形にカットした意外性が面白い。

分割（縦）で考える盛りつけ

主食材とつけ合わせの対等な関係

ボリューム感の違う料理であるのにも関わらず
2 等分割されたお皿に配置すると対等なバランスが生まれる。

梨と生ハムのミルフィーユ

Recipe

梨と生ハムはセルクルで抜き、間にオリーブオイルと黒こしょうを入れながら順に重ね半分に切る。バルサミコソースでラインを描き、左側に梨と生ハムを盛りつける。右側にミックスリーフをかざる。

盛りつけポイント

梨と生ハムのミルフィーユとミックスリーフの実際のボリュームバランスは 2:1 ぐらいであるが、お皿の空間のバランスに引かれ注目が両者均等にいく。

面

surface

「線」が「点」の集合体であるように、「面」も「線」が集まることにより形成される。物の形や空間を表す重要な表現要素のひとつだ。

円

三角形

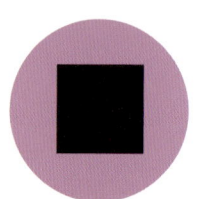

正方形

デザインにおける「面」

物の形や空間を表現する

「面」とは数学では「平面。広さはあるが厚さのないもの。」（三省堂『広辞林』第六版より）と定義されている。基本的には「面」は、2本の水平線と2本の垂直線で形成されており、お互いのバランスや外からの緊張による圧力によって変形していく。つまりそれぞれの物の形を表現することになる。そして、「面」を配置することで空間との関係性、境界や範囲を示すことができる。

「面」を盛りつけで生かす

食材に「面」（形）を持たせることで演出性を高める

食材は、様々な「面」（形）に仕立てることができる。例えばホタテであるが、薄切りでホタテ自身の丸い形を生かす、細かく切って他の食材とセルクル型で整える、ムース状にして正方形の型で抜くなど、料理に仕立てた「面」（形）により印象は大きく変わる。「面」（形）には表現感情があるので、それぞれの盛りつけの意図とリンクする物をセレクトして活用したい。料理の仕上がりの演出効果が高まる。

形を表す面

食材をどのような形に仕立てるかで料理の印象は大きく変わる。基本の形がどのような表現をできるのか把握したい。

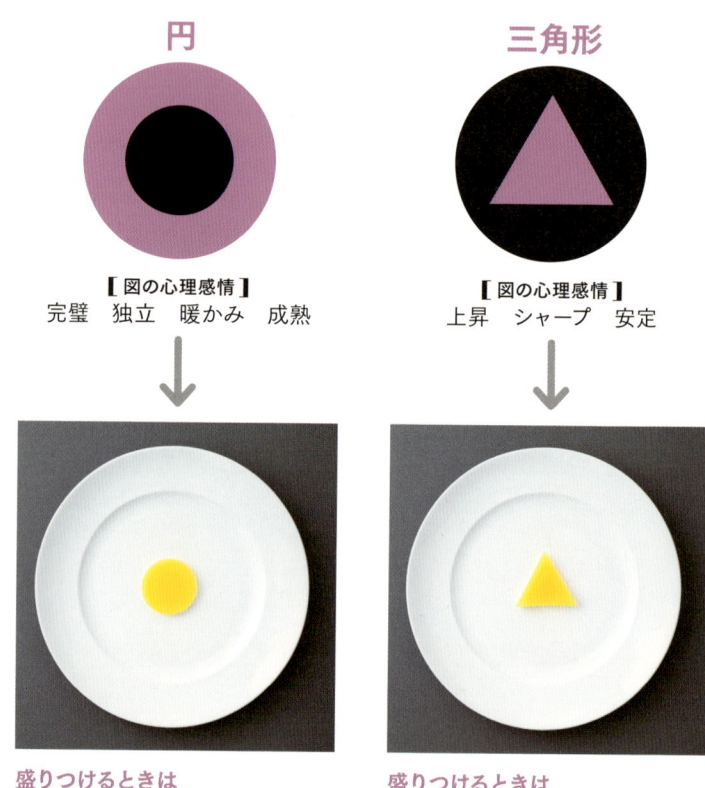

円

【図の心理感情】
完璧　独立　暖かみ　成熟

盛りつけるときは

正円には他のものを相いれない完璧な存在感がある。しかし、色や形のラフさが入ることで大きくその印象は変わり、暖かみを持つ。多くの盛りつけに活用できる形だ。

三角形

【図の心理感情】
上昇　シャープ　安定

盛りつけるときは

三角形は角度によりイメージが大きく変化する。鋭角ならば上に伸びていく生命力を強く感じ、鈍角ならばどっしりとした安定感を演出できる。

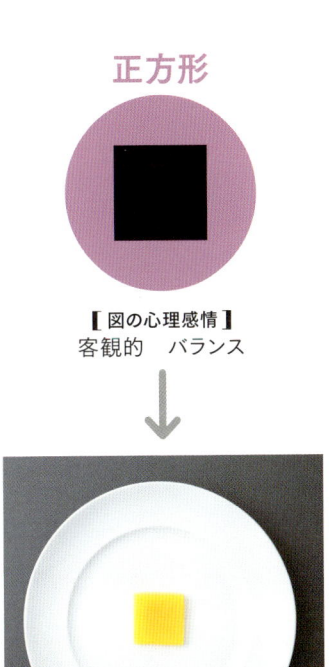

正方形

【図の心理感情】
客観的　バランス

盛りつけるときは

正方形は最もバランスのとれた安定感のある形だ。自然の中で正方形の食材を見つけることは難しいが、正方形に食材を仕立てるという発想は盛りつけの幅を広げる。

楕円形

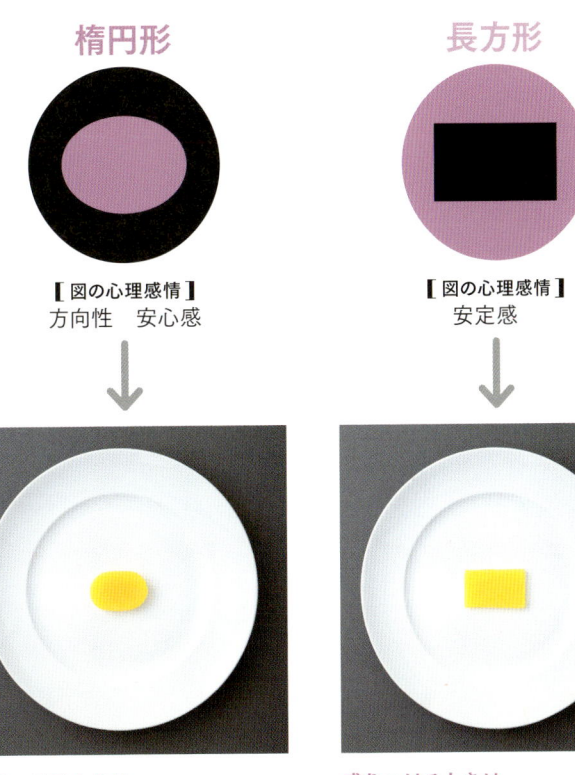

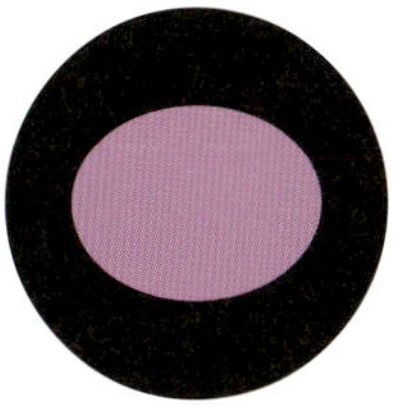

【図の心理感情】
方向性　安心感

盛りつけるときは

円よりも安定感があるが、縦に置くか、横に置くかでその印象は変わる。また、長軸と短軸の長さによっても楕円の表情が違うのでいろいろ試したい。

長方形

【図の心理感情】
安定感

盛りつけるときは

長方形は４つの角が全て同じ角度の四角形である。楕円と同様に縦長サイズと横長サイズが存在する。一辺の長さも盛りつけの表情に大きく関与する。

形を表す面（正方形）で考える盛りつけ

カットした食材で形を仕立てる

原形をあまり連想させないようにカットした食材で料理を仕立てると
素材に何が使われているのか、どんな味がするのかわくわく感が高まる。

ミニアスパラのオープンサンド

Recipe

クリームチーズにすりおろしたニンニク、黒こしょう、ブラックオリーブの刻んだものを混ぜ、正方形に切ったパンに塗る。ミニアスパラを縦半分に切りパンの長さに合わせて切る。パンの上に並べブラックオリーブの輪切りをのせる。

盛りつけポイント

ミニアスパラを同じ長さに切り、正方形の面ができるように仕立てる。一見何の食材か分からないことにより期待感を高める。遊び心のある盛りつけになる。

形を表す面（三角形）で考える盛りつけ

ファルスで形を仕立てる

様々な材料を細かく切り調味されたファルス（P.105参照）はいろいろな形に成形ができる。シャープな角をもつフォルムも表現が可能だ。

アジのタルタル　バジル添え

Recipe

鯵とアンチョビ、ニンニク、みそ、梅干し、黒こしょう、バジルをよくたたく。それを三角形の型で抜きバジルを飾りオリーブオイル、黒こしょうを散らす。

盛りつけポイント

海の幸であるアジを、山を連想させる三角形に仕立てた遊び心が感じられる盛りつけ。オリーブオイルがアクセントになっている。

形を表す面（楕円形）で考える盛りつけ

型で食材を抜いてフォルムを作る

抜き型で食材を成形する、繰り返し同じサイズの形が手軽に作れるので便利だ。

メークィーンのフライドポテト

Recipe

メークィーンはオーバル型で抜き塩ゆでする。水気を切ってから色よく揚げる。上にサワークリームをのせランプフィッシュの卵をのせる。あればイタリアンパセリを飾る。

盛りつけポイント

きれいにオーバル（楕円）に型抜かれた料理は、まるでデザートの一皿のように見える。上品な一品。

空間を表す面

空間に複数の「面」が配置されると、「面」と「面」の間の緊張感、空間と「面」の間の緊張感がそれぞれ生まれ、関係性が成り立つ。紹介するのは一例であり、様々な「面」の組み合わせが可能だ。

同じ形の複数の面（円）

【図の心理感情】
協調　温かみ

盛りつけるときは
円ひとつだけのときの孤立感から、同じ仲間が集まることにより和やかな温かみが感じられる。
また、配置によって動きも加わり、表現の可能性は高まる。

同じ形の複数の面（正方形）

【図の心理感情】
共通性　調和

盛りつけるときは
正方形はもっともバランスのとれた面であるが、上に小さい面、下に大きな面を配置することで安定感が示され、空間内の調和がとれる。

同じ形の複数の面（長方形）

【図の心理感情】
動き　協調　安定感

盛りつけるときは
安定感のある長方形であるが、短軸より同じ向きに進んでいく方向性が見える。図に向きがあると配置する場所により動きが表現できる。

違う形の複数の面（円×長方形）

【図の心理感情】
リズムと安定感

盛りつけるときは

小さな円が３つ並ぶことにより動きが生まれ、それを長方形が支えているような安心感のある構図。動きがありつつも安定感のある盛りつけが表現できる。

違う形の複数の面（円×正方形）

【図の心理感情】
対立と緩和

盛りつけるときは

円と正方形はフォルムとして対立している関係だ。しかし、大小のバランスで緊張が緩み、両者が垂直線に配置されていることにより暖かみが増す。

違う形の複数の面（正方形×長方形）

【図の心理感情】
方向性　協調

盛りつけるときは

正方形の一辺と長方形の短軸の長さを揃えると統一感が生まれ、また、軽さが見えてくる。全て同じ向きに図を配置すると、一方向への動きが表現できる。

空間を表す面［違う形の複数の面（正方形×長方形）］で考える盛りつけ

「面」の向きで方向性をだす

「面」を同じ向きに合わせて配置すると、空間に動きが生まれる。

バターとラディッシュの一皿

Recipe

バターは薄切りにして長方形に切って皿に並べ、縦半分に切ったラディッシュ、黒いピラミッドソルトとともに盛りつける。

盛りつけポイント

長方形にカットされたバター、正方形の塩、両者の向きで外へ進む動きが見えてくる。バター、塩、ラディッシュの色のコントラストで愛らしい盛りつけである。

空間を表す面［同じ形の複数の面（円）］で考える盛りつけ

同じ「面」を配置するときは食材の大きさ、色に変化をつける

おなじ「面」のフォルムは、統一感はあるが単調になる。サイズや色を変えて変化をつける。

トマト寒天のカプレーゼ

Recipi

トマトジュースで寒天を作り丸く型抜く。モッツァレラチーズの輪切りとバジルソースを並べて盛りつけ、あればバジルを飾る。

盛りつけポイント

モッツァレラチーズの白さとトマトジュース寒天の赤い色味の対比で同じ形に仕立てられた面の空間に変化が生まれる。バジルのグリーンでお皿が引き締められる。

配置バランス

layout

デザインの要素をどこに置くかで大きくその意図は変わってくる。どのような組み合わせがあるのか、どのような意味合いがあるのか、盛りつけに活用しやすい物を紹介する。

対立（左右）

シンメトリー

回転

平行（水平）

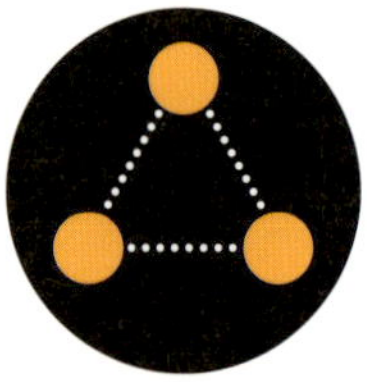

グループ（三角形）

鏡映

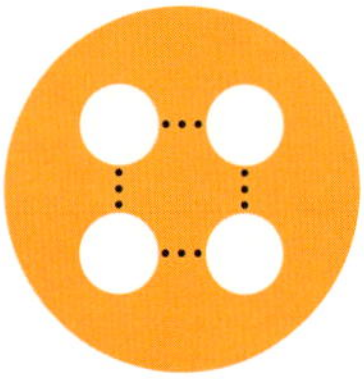

グループ（正方形）

融合（左右）

デザインにおける「配置バランス」

配置によって表現の意図が見える

「点」「線」「面」によりそれぞれの心理感情や何を表現するのかを見てきた。それらがどのように配置されるか、どのような空間を構成するかによって意味合いが変わってくる。配置や構成により表現する視覚効果も変化する。見る側に何を意図しているのかを伝えられなくては意味がない。

盛りつけに「配置バランス」を生かす

料理の配置による視覚効果を活用する

実際に料理を配置するときに、様々なものが同じお皿の中に置かれる。具体的な配置例と心理感情を参考に、自分が意図したい盛りつけを表現、活用できそうな配置をセレクトし、それをベースに自分なりの盛りつけを作り上げたい。ここで紹介する配置の中には、もともと盛りつけの手法で古くから存在するテクニックも含まれている。伝統的な盛りつけには、効果的な感情表現があるからこそ現代まで残るスタイルなのであろう。

バランス

要素同士の位置バランス、並べ方、重なり方などにより関係性を表すことができる。

並列（上下）

【図の心理感情】
上昇と下降　互角　緊張

盛りつけるときは
上に昇る力と下に降りる力の対等で緊張感のある配置。お互いが引き合うピンとはった響きを感じる盛りつけ。

並列（左右）

【図の心理感情】
対等　平等　均衡　互角

盛りつけるときは
左右それぞれが引き合う、または反発している状況。もしくは、バランスが完璧であり動かない状態。静的であるが、安定感のある盛りつけを表現できる。

対立（上下）

【図の心理感情】
対立　隣接　共有感

盛りつけるときは
同じ一点を接することにより反発感、または共有感が生まれる。上下同じ大きさを並べると、視覚の特質上、上の要素の方が大きく見えるので、バランスを考えて盛りつける必要がある。

対立（左右）

【図の心理感情】
均衡　安定　接点

盛りつけるときは
独立した平等な関係でありながら、安定感を感じる配置。同じ料理を同じ大きさに置くと継続性を感じ印象が強くなる。バランスのとれた安心感のある盛りつけ。

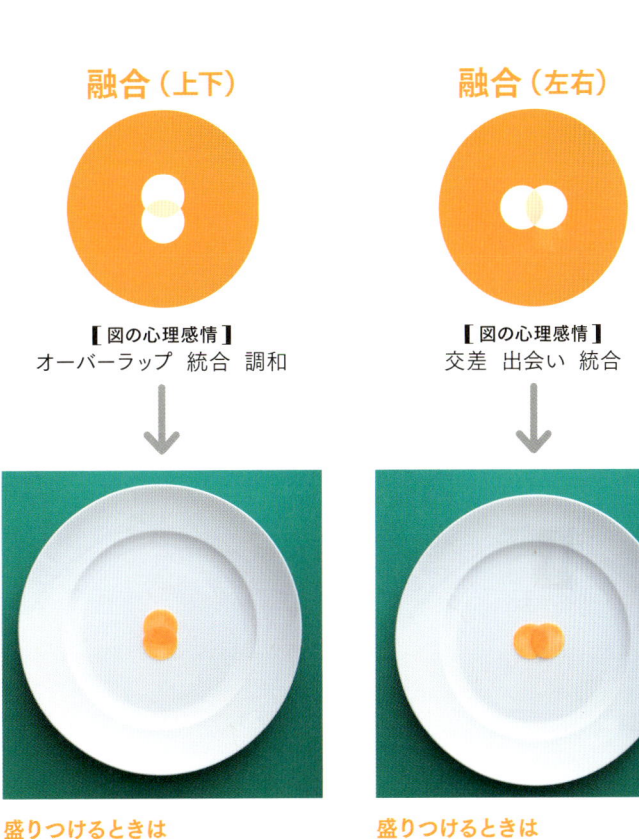

融合（上下）

【図の心理感情】
オーバーラップ　統合　調和

盛りつけるときは
要素が重なり合い共有感が生まれる。下から上に一緒に昇っていくような流れが見られる。実際に盛りつけでもよく使われている手法だ。

融合（左右）

【図の心理感情】
交差　出会い　統合

盛りつけるときは
要素同士がオーバーラップすると、今までの対立感から、統合され、共同で動いていくイメージが見られる。外に向かっていくポジティブな印象になる。

バランス[融合（左右）]で考える盛りつけ

要素の重なり合いが繰り返されるとリズムが生まれる

融合する要素の性質が同じで、複数繰り返されると共通の特徴のある動きが生まれる。

ホタテとズッキーニの温サラダ

Recipe

ホタテとズッキーニは熱したフライパンで両面ソテーする。皿に交互に少し重ねながら並べ、上にミントとセロリ入りのライムドレッシングを上にのせる。あればミントを飾る。

盛りつけポイント

ホタテとズッキーニの自然な丸い形を生かして融合させた配置。同じ重ね方を３回繰り返すことで、リズム感が表現されている。

バランス[対立(上下)]で考える盛りつけ

8

同じ料理を上下(垂直)に隣接させると、料理の印象が強まる

同じ料理を上下に配置すると料理のインパクトが強くなる。

イカのラタトゥイユ詰め

Recipe

輪切りにしたイカはサッと茹でて両面焼く。パプリカだけでラタテゥイユを作り、イカの中に詰める。皿に盛りつけタイムを飾る。

盛りつけポイント

人の目は錯覚を起こすことがよくある。同じサイズのイカを上下に置くと、上の方が大きく見える。上になるイカのサイズを小さめにすると程よいバランスになる。

シンメトリー・アシンメトリー・鏡映《きょうえい》

空間内にある２つの図形が基準を挟んで互いに向き合い調和を保つことをシンメトリーという。左右対称のイメージが強いがそれだけではなく、いろいろな構図が存在する。

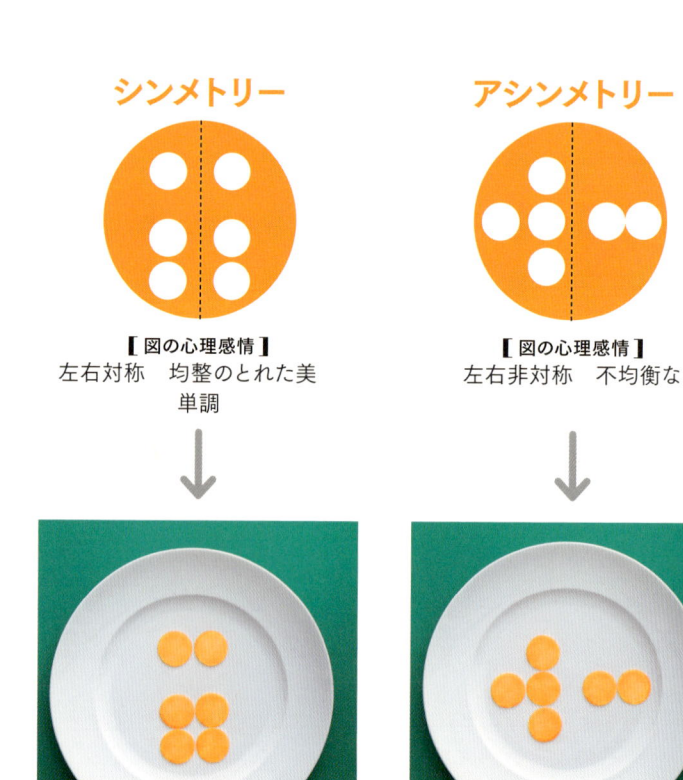

シンメトリー

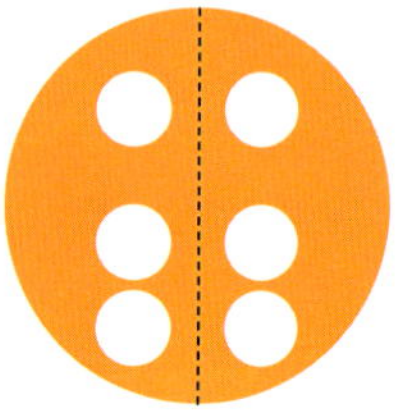

【図の心理感情】
左右対称　均整のとれた美
単調

盛りつけるときは

ある軸を中心に左右対称の均衡のとれた美しい構図。バランスがよすぎて単調な印象を与えることもある。パーティーなどの盛りつけで活用しやすいスタイル。

アシンメトリー

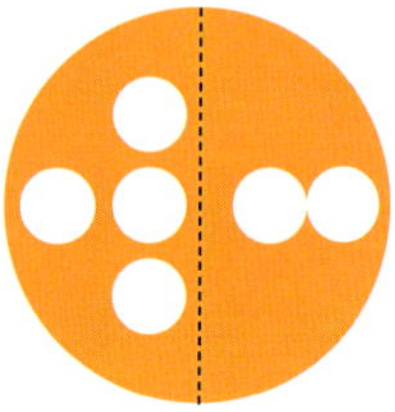

【図の心理感情】
左右非対称　不均衡な

盛りつけるときは

シンメトリーは均衡のとれた安心な構図であるが遊びがない単調な構図に落ち入りがちである。アシンメトリーはあえてそのようなバランスを崩したいときに使うと効果的な配置になる。

鏡映①

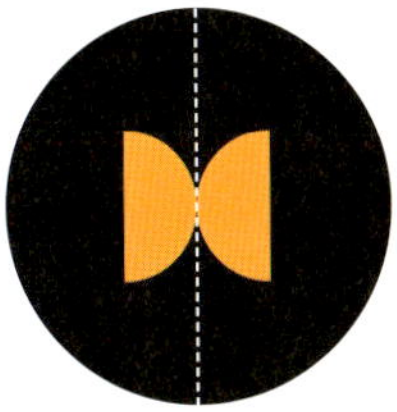

【図の心理感情】
鏡像　背中合わせ

盛りつけるときは

基準を挟んで鏡に映すような面対称となることを鏡映という。フレンチで鏡映の配置を生かした盛りつけが古くからある。

鏡映②

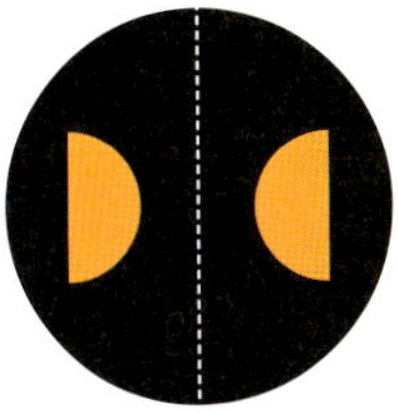

【図の心理感情】
鏡像

盛りつけるときは

トラディショナルな盛りつけに変化を持たせるときに試したい。軸からの距離感、空間に遊び心を入れた盛りつけになる。

鏡映①で考える盛りつけ

家禽類や甲殻類などの盛りつけに効果的

家禽類や甲殻類など食材の元の形を生かして盛りつけをする料理で生かしたい配置。

手羽先のエスニックソテー

Recipe

手羽先は熱したフライパンで両面こんがり焼く。そこへナンプラー、ハチミツ、酢、豆板醤、五香粉、醤油を入れて焼き絡める。皿に鏡映するよう盛りつけ、あれば豆苗の芽を飾る。

盛りつけポイント

お皿中央垂直に軸を置いて鏡映に盛りつけた品。手羽先のフォルムを生かして空間を贅沢に使うと高級感のある一皿になる。おもてなしに。

シンメトリーで考える盛りつけ

均整のとれたリズムのある美しい盛りつけ

左右対称のバランスのとれた盛りつけは安定感を感じる。
初心者におすすめの盛りつけだ。

しいたけの肉詰め　バルサミコソース

Recipe

しいたけの傘の中に小麦粉をはたき鶏挽肉、生姜、卵白、塩、こしょうを混ぜたものを詰め、熱したオリーブオイルでこんがり焼く。半分に切って皿に盛りつけバルサミコソースを添える。

盛りつけポイント

垂直に軸を考えシンメトリーに配した盛りつけ。安定しながら動きもある盛りつけになっているのはバルサミコソースの配置が効いているからだ。

アシンメトリーで考える盛りつけ

均衡を取りつつも自由な盛りつけに

基準の軸を挟んで左右対称のバランスを見据えつつ、非対称に仕上げていくことがおすすめ。アンバランスなバランスを取りやすくなる。

フライドマッシュルームのポテト添え

Recipe

マッシュルームはきれいにふいてフライにする。クリームチーズに刻んだ玉ねぎ、ローズマリー、黒こしょうを混ぜてフライの上にのせ下茹でした型抜きしたジャガイモを重ねる。皿に並べて、あれば貝割れ大根の芽を飾る。

盛りつけポイント

垂直に軸を置いてアシンメトリーに盛りつけた一品。左右対称の平凡な盛りつけが空間に遊びを作ることで、程よいリズムを演出してポップな盛りつけになる。

平行・回転

平行とは２本の線がどこまで伸びても交わらない関係である。また、回転とは要素を回転させると元に戻る関係だ。

平行（水平）

【図の心理感情】
冷たさ　無限の運動
平な広がり

盛りつけるときは
シンプルな２本の線が同じ距離感の緊張を持続しながら、どこまでも外に向かって伸びていく可能性のある配置。ポジティブな印象で盛りつけにも活用しやすい。

平行（垂直）

【図の心理感情】
暖かさ　無限の可能性
上下への伸び

盛りつけるときは
等間隔を保ちながらも２本の線がともに上下に成長していこうとするパワーを感じる盛りつけ。まっすぐに昇っていくような力強い盛りつけになる。

平行（斜め）

【図の心理感情】
上昇　調和　緩やかな緊張

盛りつけるときは

上に昇っていこうとする力のある盛りつけ。外に向かっていこうとする緊張、2本の線の内に向かう緊張が混在している。

回転

【図の心理感情】
対称　円

盛りつけるときは

一点を中心に同じ形を繰り返しながら一周して元に戻る。回転する軌跡は完璧な形の円。美しい盛りつけを表現できる。

平行（水平）で考える盛りつけ

安定感があり外へと向かう広がりのある盛りつけ

水平に平行線を表現。何処までも伸びていく印象を受ける。２本の線は安定した緊張感を表現している。

サーモンのソテー　ポワローのコンソメ煮

Recipe

サーモンは棒状に切りソテーする。皿に平行にポワローのコンソメ煮を置き、上にケッパーのソースをのせソテーしたサーモンをのせる。チャイブも平行に置く。

盛りつけポイント

つけ合わせ、ソース、メイン食材全てを平行線上に重ねて仕立てると、よりラインが強調される。安定した配置フォルムでありながら、外へと向かう意思が表されている。チャイブの効果が効いている。

回転で考える盛りつけ

同じ性質の要素の繰り返しで回転を表現する

お皿の真ん中を中心に同じ要素の組み合わせを繰り返しながら一周すると元に戻り、円が描かれる。回転している動きが表現できる。

甘えびのサラダ仕立て

Recipe

下ゆでしたキヌサヤ、角切りにしたパプリカ、ピンクの大根、ズッキーニはドレッシングに漬ける。皿に甘えびを並べ、間に絹さや、角切りの野菜を並べる。

盛りつけポイント

甘エビとキヌサヤの向きと繰り返しで回転を表現。キヌサヤの飾りがランダムに配され自由な動きがプラスされている。

グループ

デザインの要素を形が想定できるポイントに配置。完全に描かれていないなくても視角補正により形が読み取れる。料理を置くときのバランス基準にも活用したい。

三角形

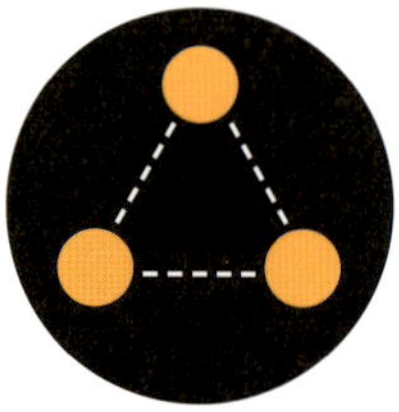

【図の心理感情】
安定性　上昇

盛りつけるときは
バランスのとれた安定感のある盛りつけになる。3つの要素は対等な関係である。

正方形

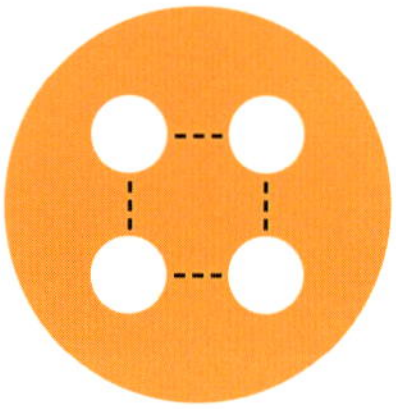

【図の心理感情】
安定感　安心感

盛りつけるときは
シンプルなバランスの盛りつけ。奇をてらわない安心感があるが、単調な印象にならないようによう料理などで変化をつけるのがおすすめだ。

菱形

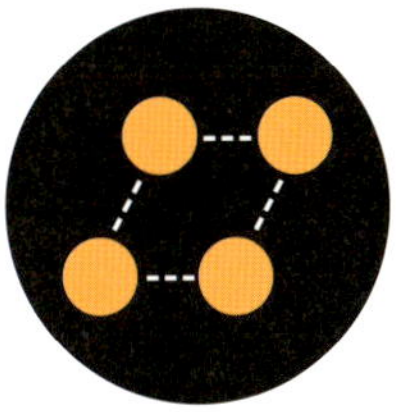

［図の心理感情］
ダイヤ形　平行

盛りつけるときは

菱形は正方形を水平方向に圧力をかけ変形させた四角形。無限に外へ向かって平行に伸びていく印象。動きのある安定した盛りつけに。

円
（正多角形を連想させる円）

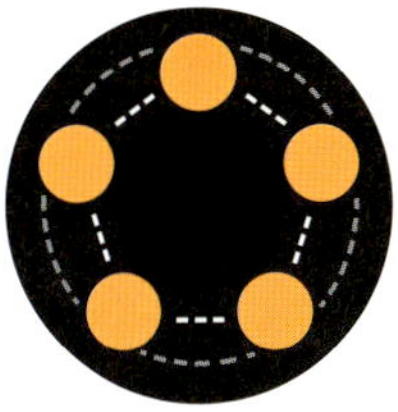

［図の心理感情］
円　対称性（正多角形）

盛りつけるときは

円を想像させる正多角形は要素の配置に対称性があり、美しいフォルムを作ることができる。

グループ（三角形）で考える盛りつけ

バランスのよいシンプルな盛りつけ

上昇の動きを感じるが安定感のある盛りつけ。料理同士のバランスを取りやすく活用度は高い。

サワラのせんべいフライ

Recipe

サワラは角切りにして小麦粉をふり、小麦粉と水を混ぜたものをくぐったらせんべいを細かく砕いた衣をつけ油で揚げる。皿にバジルとハーブのソースを敷き、上にフライをのせる。あればローズマリーを飾る。

盛りつけポイント

四角く切られたサワラの形から受ける安定感と三角形に盛りつけられた空間の安定感の相乗効果が見られる。どっしりとした落ち着きある盛りつけ。

グループ［円（正多角形を連想させる円）］で考える盛りつけ

対称性のある美しいバランス

正多角形の整ったバランスと円の完成されたフォルムの美しさが表現される盛りつけ。

マグロのタルタル　大葉とアボカドのせ

Recipe

マグロは小さめの角切りにしてガーリックオイル、塩、こしょう、醤油で和える。丸く型抜いた大葉、アボカドをのせる。

盛りつけポイント

円を想定した線上に正五角形になるようにバランスよくマグロのタルタルが盛りつけられた一品。

立体

volume

「面」が「線」の集合体であったように「立体」は多くの「面」から形成される。空間から三次元に広がる存在感のある要素だ。

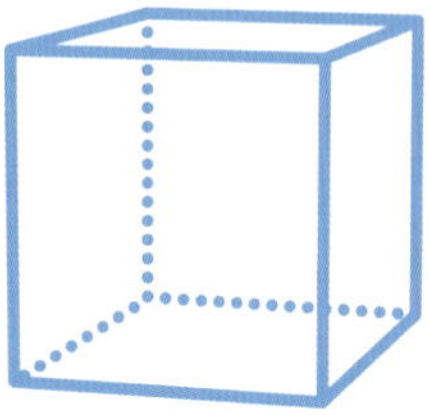

立方体

球

円柱

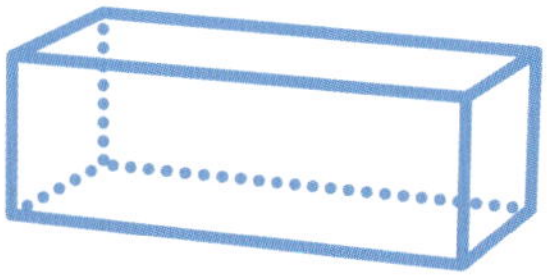

直方体

デザインにおける「立体」

「立体」は「点」「線」「面」でできた空間

「立体」とは数学的には「位置・長さ・幅・厚さを持つ、空間の一部分を占めるもの。物体を、その形・大きさ・位置の面からだけ見たときにいう。三次元の広がりを持つ（感じさせる）もの。」（三省堂『広辞林』第六版より）である。
「立体」の表面は「面」であり、動く「点」の軌跡でできた「線」の集まりでもある。つまり、「立体」には様々な要素が内在しているといっていい。

盛りつけで「立体」を生かす

「立体」で盛りつけの幅が広がる

「高さを出すように盛りつけ、料理にリズムを出す。」盛りつけではよく使われる手法だ。単純に料理を高く盛りつけるのではなく、料理の顔となる面を意識して立体的に盛りつけをすると、より高い心理効果が見込める。お皿の上だけではなく、お皿の三次元的な空間も含めた表現になるので、インパクトが大きくなる。

立体

「立体」は複数の「面」で形成されており、その「面」の形が持っている表現感情の影響が強く出る。「立体」で盛りつけをすると空間の演出力が高められる。

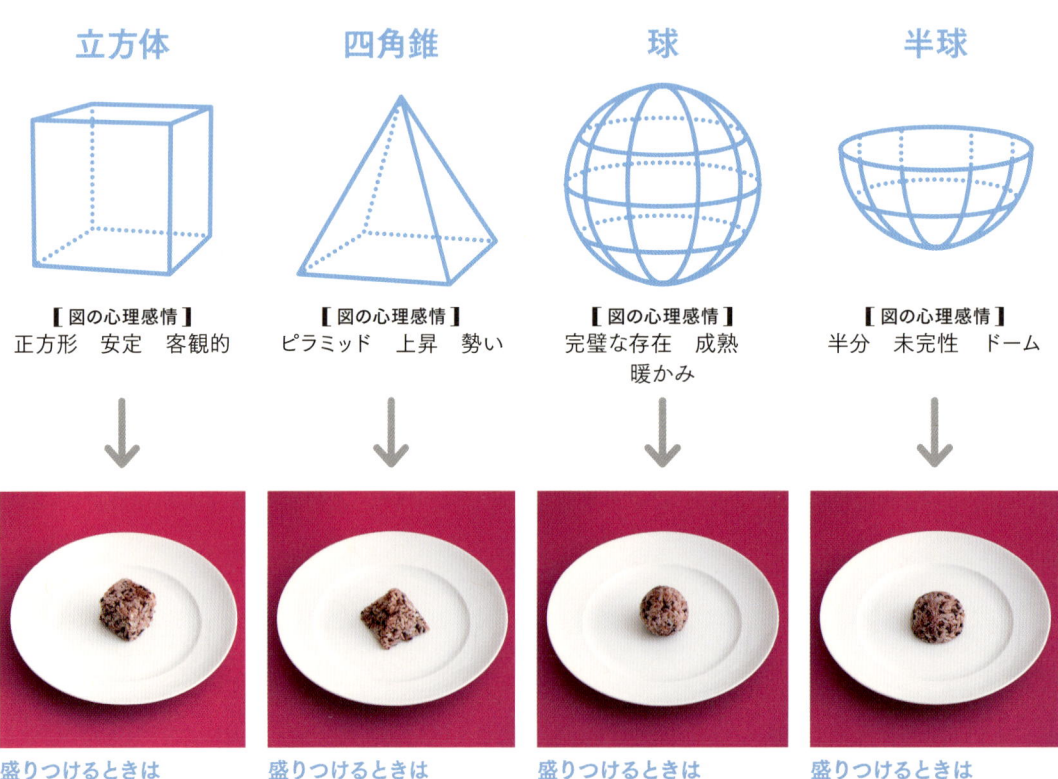

立方体

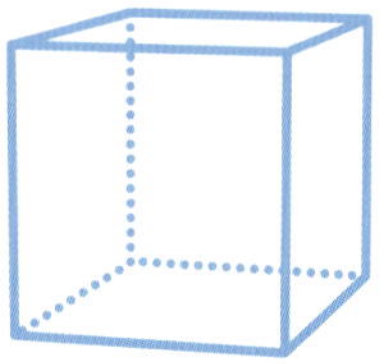

【図の心理感情】
正方形　安定　客観的

盛りつけるときは
実際に立方体に料理を型抜くのもいいが、複数の食材を寄せ木のように組み合わせ正方形の面ができるように組み立てると表情に変化が出る。

四角錐

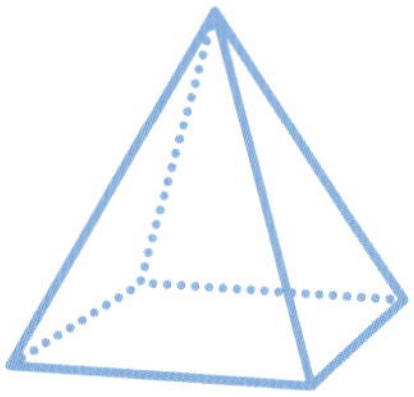

【図の心理感情】
ピラミッド　上昇　勢い

盛りつけるときは
正方形の大きさのグラデーションで形成された立体だが、側面は三角形。安定感がありながら上昇や勢いのあるエネルギーを表現できる立体。

球

【図の心理感情】
完璧な存在　成熟
暖かみ

盛りつけるときは
球体はどの角度から見ても完璧である面、円から形成されている美しい立体。一方、ラフに形作ると暖かみやカジュアルな雰囲気が出てくる。

半球

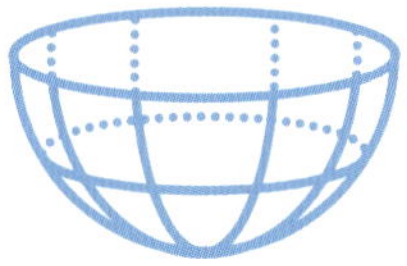

【図の心理感情】
半分　未完性　ドーム

盛りつけるときは
球になるための途中段階で成長しようとするパワーがある。料理にも多用される立体のひとつ。

円柱

【図の心理感情】
安定した存在感　樹木

盛りつけるときは
完成された形である円柱は、落ち着いた存在感を与える。また、ゆっくりと上に成長していくイメージを持つ。盛りつけで活用しやすい。

円錐

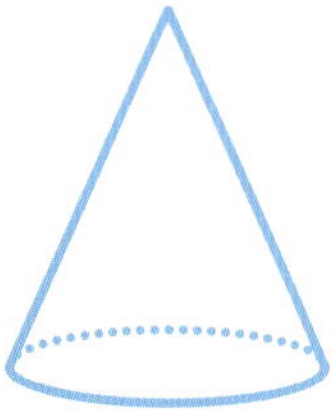

【図の心理感情】
勢い　シャープさ

盛りつけるときは
上へ伸びていこうとする生命力を感じる。先が細く尖ってくるのでスピード感や緊張感のある盛りつけが演出できる。

直方体

【図の心理感情】
安定感　安心感

盛りつけるときは
馴染みやすい安定感のある立体。型で成形することもできるが、長方形にカットした食材を重ねてミルフィーユ状にしてもいい。

三角柱

【図の心理感情】
安定感　シャープさ

盛りつけるときは
しっかりとした安定感のある立体であるが上昇していく勢いも混在している。直方体の側面（四角形）の対角線で等分に切ると成形しやすい。

立方体で考える盛りつけ

生地を立体に仕立てる

立体の形をあらかじめ食材で表現するため、パイ生地やタルト生地などを成形、焼き上げて立体を作る。

タコスパイ

Recipe

冷凍のパイシートを正方形に２枚切り、１枚はさらに内側を正方形に切り抜く。それらに卵を塗って重ねオーブンで色よく焼く。中に刻んだレタス、シュレッドチーズ、タコス味の挽肉をつめ、あればタイム、チリペッパーを飾る。

盛りつけポイント

パイ生地が立方体に焼き上がるように生地を正方形にカット。生地自身を立体に仕立てる。

半球で考える盛りつけ

液体生地を型に入れて立体に成形する

ムース、ババロア、フランなど液体生地を型に入れて立体に仕立てる。
様々な型が比較的手軽に作れる。

グリーンピースのムース

Recipe

グリーンピースをチキンブイヨンで煮る。その鍋が熱いうちにふやかしたゼラチンを加え溶かしミキサーにかけなめらかにし氷水につけ粗熱をとる。八分だてした生クリームを加え混ぜ、半円の型に流し入れ冷やし固める。グリーンピースを敷いてムースをのせる。

盛りつけポイント

グリーンピースの鮮やかな緑の半球、つるんとした佇まいが愛らしい。ムースの下に敷いたグリーンピースの丸みと調和のとれた盛りつけ。

直方体で考える盛りつけ

「立体」の「面」（形）を強調する

「立体」を成形する複数の「面」の形になるように仕立て強調すると、
心理感情の印象が強くなる。

サーモンのライスサラダ

Recipi

温かいごはんにバセリのみじん切り、ドレッシングを混ぜ、よく冷ます。直方体の型にそれを詰め大きさに合わせて切ったサーモンをのせる。あればケッパーとパセリを飾る。

盛りつけポイント

サーモンを立体の「面」である長方形に成形し印象づけることで、華やかでありながら安定感のある盛りつけになる。

円柱で考える盛りつけ

ファルスを型で「立体」に仕立てる

ファルスは型に入れると比較的「立体」に仕立てやすい。
様々な型を活用したい。

ポテトサラダ　ブーケ風

Recipi

セルクルにスライスしたキュウリを並べ中にポテトサラダを入れる。上に刻んだピンク色の大根、ミニアスパラ、ラディッシュ、フリルレタス、マイクロトマトをのせる。

盛りつけポイント

ポテトサラダを型に入れる前にキュウリを配置した一手間が重要。より美しい滑らかな円柱に料理が仕上がる。トップの野菜の飾りつけが艶やか。

※ファルスとは生または加熱した食材を細かく切ったりつぶしして混ぜ合わせ調味したもの

色

Colors

個人により色から受ける心理感情はそれぞれ違うが、私たちが色に持つイメージの影響はとても大きい。また、色の組み合わせや周りの色との相乗作用により、その見え方や感じ方は変わっていく。料理の彩りも同じく色の組み合わせで印象は大きく左右される。

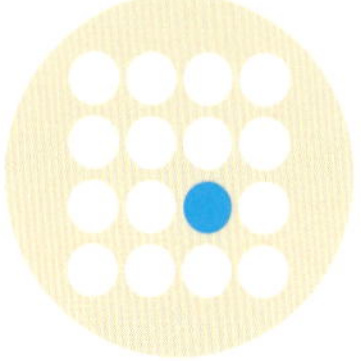

強調（注目）

調和（Red & Orange）

対比（ソースとの対比）

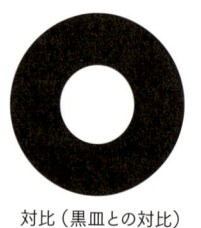

対比（黒皿との対比）

強調［トッピング（集中）］

調和（Green & Yellow）

デザインにおける「色」

「色」は表現をする上で印象を大きく左右する要素

時代や民族、地域、文化などを背景に色から連想されるイメージは変化してきた。私たちには記憶に残る色の印象がインプットされ、心理感情が生まれる。つまり、色によりデザインされる物の表現をより明確にイメージさせてくれることができる。また、単色が持つ表現だけでなく、色の組み合わせや周りの色との影響によりその印象は大きく変化する。色についてだけでも語りきれないくらいたくさんの作用がある。

盛りつけに「色」を生かす

色の心理感情を料理の配色で上手に活用する

「料理は彩りよく盛りつけることが大切」と言われるが、単純に色目をきれいに整えるだけでなく、様々な効果を考慮して配色すると、よりインパクトのある盛りつけになる。色が人に与える心理効果を上手に活用して、料理における発想を広げたい。

調和

お皿の中の世界感にまとまりを持たせたいときは、質感の違う食材や料理でも同系色の色味で揃えると自然と統一感が生まれる。

Green & Yellow

【色の心理感情】
爽やか　新鮮　躍動　自然な

盛りつけるときは
自然のエネルギー、明るさと癒しを感じる配色。フレッシュな野菜やハーブ、果物などを連想する色。

Red & Orange

【色の心理感情】
明るい　暖かい　ビタミン
健康的

盛りつけるときは
美味しさを感じる色の象徴である橙と強い生命力を表現する赤は元気が湧いてくる配色。トマトやニンジン、唐辛子など親しみやすい食材が多くある。

Pink & Purple

【色の心理感情】
魅力的　優美な　高貴

盛りつけるときは

ピンクのかわいらしさや幸福感と紫の高級感や妖艶さは相反するもの。両義性が生まれることで神秘的な魅力が示される。ブドウ、トレビス、ビーツなど活用できる食材も多い。

Brown

【色の心理感情】
自然な　落ち着いた　根っこ　温もり

盛りつけるときは

茶色は身近にある自然の色、食物を育む大地の色であり昔から日本で親しまれてきた色だ。茶色とベージュなどのトーン違いで配色に濃淡をつけるとリズムがでる。

調和（Red & Orang）で考える盛りつけ

美味しさを感じる暖色系の配色

色から受ける印象は料理に大きな影響を与える。赤や橙は美味しさを連想させる色。食欲が増進する。

ニンジングラッセとハンバーグのサンド

Recipe

デミグラスソースの上に小さなハンバーグとセルクルで抜いたニンジンのグラッセを重ね、赤パプリカのマリネをのせる。まわりにマイクロトマトをあしらう。

盛りつけポイント

ニンジンのグラッセに盛りつけた赤パプリカのマリネ、フレッシュなマイクロトマト、質感の異なる赤い食材により、彩りと食感の楽しさが増す。

調和（Green & Yellow）で考える盛りつけ

新鮮な食材の生きのよさを演出

グリーンのコントラストはとれたての野菜のパリっとした食感を連想させる。
黄色の躍動感でフレッシュさが増す。

グリーンサラダ　グリーンソース

Recipe

ブロッコリーのソースを敷いてコンソメで下茹でしたインゲン、キヌサヤとキュウリを盛りつける。イタリアンパセリをのせたらレモンの皮を上からすりおろし、レモンソルトも一緒に散らす。

盛りつけポイント

ブロッコリー、インゲン、キヌサヤ、キュウリで4種類のバリエーションの緑色を表現。様々な食感も楽しい。レモンの皮の黄色、レモンソルトの白で爽やかな一皿。

調和(Pink & Purple)で考える盛りつけ

個性的な配色の盛りつけには遊び心を

食材の色のインパクトが強いときは、あえて盛りつけもユニークに。
個性が光る魅力的な一皿になる。

紫キャベツとササミのコールスロー

Recipe

ササミは白ワインで蒸し、冷めたら細かく裂いておく。千切りにした紫キャベツとカシスマスタードドレッシング、裂いたササミを加え混ぜる。皿にセルクルで盛りつけ、あれば紫タマネギの輪切りとカシスマスタードをのせる。

盛りつけポイント

盛りつける食材、ソースを全て円のフォルムにするとかわいらしさや暖かみが生まれる。紫タマネギのスライスのグラデーションでリズム感や動きを演出している。

調和（Brown）で考える盛りつけ

落ち着きある色の配色はトーンを変えて動きを演出

食材をシックな茶色でまとめると一見地味になりがちだ。しかし、トーンの違う食材などをミックスすることで動きやリズムが生まれる。

ポークステーキ　ハーブとナッツのソース

Recipe

豚肉は塩、こしょうして両面こんがり焼く。正方形に切って皿に重ねグリルしたしいたけをのせオリーブオイルに刻んだアーモンド、ブラックオリーブ、バジル、炒め玉ねぎを混ぜたものを入れ、全体的にナッツを散らす。

盛りつけポイント

豚肉を正方形にカットすると安定感が示される。しいたけや豚肉のこんがり焼かれた茶の濃い色目にナッツのベージュカラーのトッピングで明るく軽やかな盛りつけになっている。

対比（コントラスト）

2 つの物を比べたときに生まれる差をコントラストという。お互いを引き立て合う色が盛りつけでは重要だ。料理に接するお皿とソースの色で考える。

黒皿との対比

【図の心理感情】
強さ　クール　シック
フォーマル

盛りつけるときは

黒は色の中でも最も暗い色。料理の色が明るく強調される。料理の見栄えがよくなる。

色皿との対比

【図の心理感情】
色にはそれぞれ表現感情がある。
（P.122 参照）

盛りつけるときは

料理とお皿の色の明るさによりお互いが引き立て合うバランスは変わる。明度の一番高い白い色の料理を仕立てると、色皿に料理が白く引き立つ。

ソースとの対比

【図の心理感情】
色相同士の距離感で変化する
（P.190 参照）

盛りつけるときは

色相の距離が大きいほど強く距離が小さいほどコントラストは弱くなる。ソースと料理を馴染ませたいか、それぞれの色を引き立てたいか、などにより色味を変化させる。

対比（ソースとの対比）で考える盛りつけ　○

類似する色はトーンの差でコントラストをつける

類似カラーは馴染みよく統一感のあるまとまった料理に仕立てられる。
変化をつけたいときは、トーンを変えると雰囲気の違うコントラストが生まれる。

手羽元のソテー　ビーツクリームソース

Recipe

手羽先は塩、こしょうしてこんがり焼く。鶏は一度取り出しバターを加えて玉ねぎ、ビーツのみじん切りを炒める。白ワイン、チキンスープ、生クリームを入れとろみがつくまで煮る。仕上げに塩、こしょうで味を調える。皿にソースを敷き手羽元のソテーを盛りつける。

盛りつけポイント

ビーツのピンクは赤系のライトカラー、手羽先がこんがり焼けた茶色は橙系のデープ、ダークカラーだ。赤と橙は類似カラー。つまり類似系トーン違い配色が生かされた盛りつけになる。

対比（黒皿との対比）で考える盛りつけ

黒いお皿で料理の色を引き立てる

料理は黒のお皿と接して明度対比が起こり、実際の色より明るく鮮やかに見える。
料理の見栄えを引き立て、高級感ある一皿に魅せてくれる黒皿は人気の皿だ。

手羽元のクリーム煮

Recipe

手羽元は塩、こしょうしてこんがり焼く。鶏は一度取り出しバターを加えて玉ねぎのみじん切りを炒める。鶏を戻し入れ白ワイン、チキンスープで弱火で煮る。さらに生クリームを加え塩、こしょうで味を調え、とろみがついたら皿に盛りつける。黒こしょうを散らす。

盛りつけポイント

黒と明るさの対極である白い色の料理、クリーム煮を黒皿に盛りつけることで、クリームの白さはより白く引き立つ。黒皿とのコントラストにより、料理の魅力が倍増される。

対比（色皿との対比）で考える盛りつけ

色皿には白い料理が引き立つ

色味があるお皿は、料理の色とのバランスにより、お互いに引き立て合う、また、残念な見栄えになることもある。馴れないときはあまり色に影響を受けない白い色の料理から始めるのがお勧めだ。

手羽元のクリーム煮

Recipe

手羽元は塩、こしょうしてこんがり焼く。鶏は一度取り出しバターを加えて玉ねぎのみじん切りを炒める。鶏を戻し入れ白ワイン、チキンスープで弱火で煮る。さらに生クリームを加え塩、こしょうで味を調え、とろみがついたら皿に盛りつける。黒こしょうを散らす。

盛りつけポイント

落ち着いた赤い色のお皿に白い色の料理クリーム煮が引き立つ。お皿の色相だけではなく明度や彩度も関係する。白は比較的他のどの色とも喧嘩にならず、きれいな盛りつけに仕上がる。

強調

強調とは、デザインの空間が単調なとき空間を引き締めるために、また、ある物を多くの中で際立たせたいときに使う手法だ。料理でも頻繁に使いたい盛りつけのテクニックだ。

個々の強調

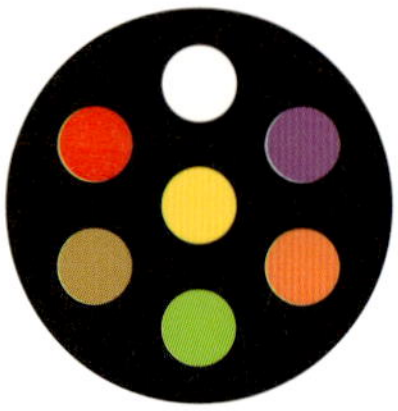

【図の心理感情】
マルチカラー　インパクト

盛りつけるときは

個々の個性を際立たせるために、様々な食材や料理を使ってカラフルに盛りつける。色味の落差、トーンの差など明らかに違いが見えるほうがいい。

注目

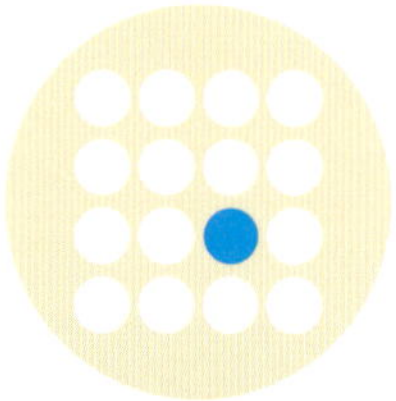

【図の心理感情】
破調　共通性と差異

盛りつけるときは

単調な流れに緊張を与えたいときに有効な盛りつけ。例えば、パーティーなどでたくさんの同じアミューズブーシュが並ぶ中、一カ所だけ食材か料理を変えると注目が集まる。

トッピング（集中）

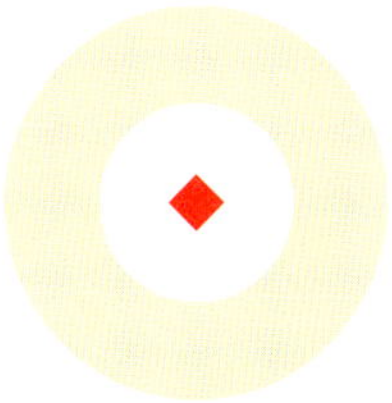

【図の心理感情】
アクセント　緊張　変化

盛りつけるときは
ハーブの鮮やかな緑色はトーンの強いカラー。様々な料理の色と合わせてもコントラストが生まれやすい。ハーブの自然な形を生かしてトッピングすると直接的に自然を感じ癒される。

トッピング（散布）

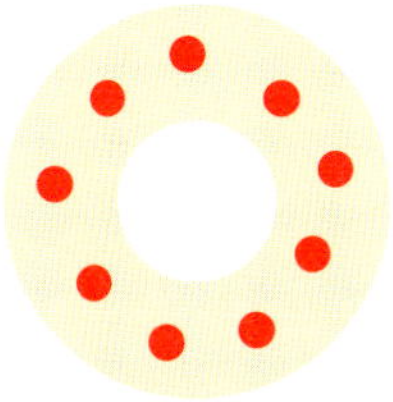

【図の心理感情】
アクセント　リズム　ノイズ

盛りつけるときは
ハーブやスパイスを切ったり引いたりして、原型がない同じ状態のものを繰り返し表示するとリズムやノイズが生まれる。単調な料理が賑やかになる。

強調（注目）で考える盛りつけ

均一な流れを反対色で強調する

整然と規則性のある流れを一カ所だけ反対色を持ってくることにより
インパクトをあたえ目線を引く。

キュウリとビーツのサンドイッチ

Recipe

小さく型抜きした食パンをフライパンで両面焼きバターを塗って刻んだハムとマヨネーズを混ぜた物をはさみ、上にスライスして軽く塩をして水気を切ったキュウリを並べる。ひとつだけ下茹でしたビーツをのせる。

盛りつけポイント

濃いビーツの紫色が薄い緑のキュウリの中で、強く印象づけられるのはお互いが反対色同士でありしかもトーンにも差があるからだ。

強調［トッピング（集中）］で考える盛りつけ

濃い色の食材同士のトッピングには白い色を効果的に使う

濃い色の食材や料理には、ハーブの色と馴染みすぎないように、
明度が高い白い色の食材を近辺に使う。

黒米と生ハムのクリームリゾット

Recipe

セロリを刻みバターで炒めそこへ黒米入りごはんを加え、生ハム、チキンスープ、生クリームを入れてとろみがついたら火を止める。セルクルで皿の中央に盛りつけ生クリームを飾る。イタリアンパセリを飾る。

盛りつけポイント

黒米入りご飯の濃い色は、イタリアンパセリの濃い緑と馴染みがよすぎて同化してしまう。白を入れてセパレーション効果を狙う。

強調［トッピング（散布）］で考える盛りつけ

ハーブやスパイスで単調な空間にアクセントを入れる

切ったりつぶして原型のないハーブやスパイスを、お皿や料理にランダムに散布することで、賑やかなリズムをつける。

黒米と生ハムのクリームリゾット

Recipe

セロリを刻みバターで炒めそこへ黒米入りごはんを加え、生ハム、チキンスープ、生クリームを入れてとろみがついたら火を止める。セルクルで皿の中央に盛りつけ生クリームを飾る。イタリアンパセリを飾る。

盛りつけポイント

セルクルで形取られた料理の上ではなく、お皿にできたスペースにあらみじん切りにしたイタリアンパセリをふり、賑やかにする。

COLUMN

色の基礎知識 1

色とは

物を見たときに、それぞれに固有の色があるように見えるが、実際には、物が照らされた光の波長を知覚し、様々な情報が統合され脳でどのよう色なのか最終的に判断される。

このような色を色彩学の観点から分析すると、色は色相、明度、彩度の3つの属性から成り立っている。色相とはいわゆる色味のことで赤、青、緑などのことだ。明度は色の明るさで、一番明るいのは白、暗いのが黒。彩度は色の鮮やかさのこと。また、配色を考える上で大切な要素のひとつにトーンがある。トーンとは明度と彩度を複合的に考えた調子のことで色の明暗、濃淡、強弱などで考えられる。

色から受けるイメージ（心理感情）

色には人の感情を動かすパワーがある。国や地域、環境、経験などにより異なるが、一般的にイメージされる心理感情を紹介する。

● 赤	興奮　情熱　愛　エネルギー　太陽　血　炎
● 橙	暖かい　健康的　陽気　親しみやすい　楽しい　活発
● 黄	明朗　希望　躍動　喜び　光　健康
● 緑	安心　安全　自然　安らぎ　平和　新鮮　植物
● 青	安心　集中　知性　冷静　孤独　誠実
● 紫	高貴　神秘的　妖艶　不安　女性的　不快
● ピンク	快活　若々しさ　甘い　幸せ　かわいい
● 茶	自然　安心　落ち着いた　陰気　根っこ　温もり　土
○ 白	純粋　神聖　向上心　平和　素直　清純
● 黒	安定　孤独　強さ　高級感　シック　フォーマル　絶望感

3章

シーンで考える盛りつけ（応用編）

盛りつけを考える上で、食べる人のニーズや環境が大切なことは前述してきた。つまり、食べるシーンにより盛りつけが大きく変わる要因になる。この章では、「日常」、「おもてなし」、「パーティー」という3つのシーンに分けて同じ料理を盛りつけ、どのように視覚的な印象が変化するか示した。デザインの基本に基づき盛りつけを展開し、ポイント解説をつけた。料理の盛りつけにより表現された心理感情を感じて欲しい。

01– 冷前菜

料理の幕開けともいえる前菜は食欲を刺激し気分を盛り上げる役割を担う。
味はもちろん、視覚的にも働きかける第一番目の皿になり、
食事への期待感を高める魅力的な盛りつけを目指したい。

ホタテのカルパッチョ

昨今、食材の味をシンプルに堪能する傾向が高まっており、新鮮な生の魚介類をカルパッチョやタルタルに仕立てるメニューが人気だ。その中でも人気のホタテは様々な盛りつけのスタイルに活用できる万能な食材だ。

Recipe

材料：2 人分

ホタテ……小 6 個
紫キャベツスプラウト……1/3 パック
貝割れ大根……1/3 パック
みょうが……2 個
紫芽……適量
A
- 塩、こしょう……各適量
- サラダオイル……大さじ 2
- 米酢……大さじ 1 と 1/2
- 砂糖……小さじ 1/2
- 黒七味……少々

作り方：

1. みょうがと紫芽はみじん切りにして A の材料と混ぜドレッシングを作る。
2. ホタテを好みの厚さにスライスして皿にならべ貝割れ大根、紫キャベツスプラウト、紫芽、ドレッシングを飾る。

①メニューのセレクトポイント

- 新鮮なホタテそのものを味わえる（料理の流行を考える）
- ホタテは人気食材であり万人が好む（食材の人気度）
- 食材の見栄えがいい（視覚効果）
- 酸味のきいた味つけが食欲をそそる（冷前菜の役割）

②シーン別の盛りつけアイディア

日常	●ボリューム感たっぷりに盛りつける ●ビストロスタイル	
おもてなし	●サプライズがある盛りつけ ●非日常感を出す	
パーティー	●みんなが取りやすい配置 ●華やかな盛りつけ	

ホタテのカルパッチョ（日常）‖→ P129

ホタテのカルパッチョ（おもてなし）‖→ P128

ホタテのカルパッチョ（パーティー）‖→P129

Scene おもてなし (→P126)

非日常を感じるスタイリッシュな盛りつけ

ホタテの自然な暖かみのある丸いフォルムをかっちりとしたクールな印象の正方形に仕立てた一皿。モダンな盛りつけになる。

a. ホタテの切り方

薄くスライスしたホタテを並べ、正方形になるようにカット。ホタテをカットしたラインとお皿のラインが平行になる。

b. スプラウト

貝割れ大根、紫キャベツスプラウトの2色使いにすると彩りがよくなりリズム感が出る。また、葉と根により方向性が生まれる。

d. ドレッシング

みょうがと紫芽で作るドレッシングはほんのりピンクに色づく。

c. 紫芽

濃い紫と緑の葉の色でスプラウトの色との対比効果が生まれ料理が引き締まる。

盛りつけポイント

スプラウトのライン、ホタテを正方形に切ったライン、紫芽を並べたラインが平行（水平）に配置、緊張感が示される。長角皿を縦使いすることで、更に非日常感をプラスしている。

お皿セレクトポイント：リムがないので盛りつけで演出しやすい。

応用した基本の図

面　形を表す面（正方形）
配置バランス　平行（水平）

→ 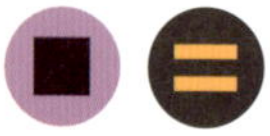

盛りつけ仕上げ

ホタテを正方形に盛りつけ、これと平行に貝割れ大根、紫キャベツスプラウト、紫芽をお皿にのせる。

Scene 日常 (→ P125)

ボリューム満点なビストロスタイル

小さめなお皿にボリューム感を出して盛りつけるとカジュアルな印象になる。オーバル皿でビストロの雰囲気に。

a. **ホタテ**はスライスする

b. **貝割れ大根と紫キャベツスプラウト**は合わせて盛る

c. **紫芽**はポイント使いで

d. **ドレッシング**をホタテにかける

盛りつけポイント

ホタテは自然のままの形を生かして薄くスライスし、お皿に沿って重ね盛りをするとボリュームと動きが出せる。スプラウト２種は合わせてお皿の中央に高さを出して盛るとリズムが出る。紫芽は最後に数枚飾り、料理全体を引き締める効果がある。

お皿セレクトポイント：小さめなオーバル皿を使うと家庭でもビストロの雰囲気が簡単に演出できる。

応用した基本の図

配置バランス　バランス［融合（左右）］ ➔

盛りつけ仕上げ

ホタテをスライス、お皿に沿って重ね盛りし、中央に貝割れ大根、紫キャベツスプラウトを盛りつける。紫芽を飾り、ドレッシングをホタテにまわしかける。

Scene パーティー (→ 127)

一口サイズで食べやすさと可愛らしさを

丸皿の形に添って円を描くように盛りつけると、360°どこからでも取りやすく、華やかな盛りつけが完成する。

a. **ホタテ**は半分程度にスライス

b.c. **貝割れ大根と紫キャベツスプラウト、紫芽**は少量ずつホタテにのせる。

d. **ドレッシング**は中央で取り分けスタイル

盛りつけポイント

ホタテ、貝割れ大根、紫キャベツスプラウト、紫芽を一人分ずつ盛りつけてそれぞれが取りやすいように仕立てるのがパーティーではお勧め。

お皿セレクトポイント：ホタテの丸みと丸皿で統一感が生まれ、優しさと暖かみが醸し出される。リムの幅が広いので盛りつけの空間として活用できる。

応用した基本の図

点　複数の点（円） ➔

盛りつけ仕上げ

ホタテは一人分にスライスしてお皿のリムに盛りつける。貝割れ大根、紫キャベツスプラウト、紫芽をホタテに飾る。ドレッシングはお皿の中央に盛りつける。

02- 温前菜

食事のスターターとしてメイン料理の前にちょっとした軽い料理として出される温かい前菜。料理のクライマックスに向かうための気持ちを盛り上げる前哨戦となる一皿になるので、味だけではなく視覚的にも美味しさを感じられるような演出性の高い盛りつけにしたい。

エビのベニエ

ベニエとは天ぷらのような衣をつけて揚げたもので、温前菜では定番の調理法である。エビのぷりっとした食感とさくっとした衣の食感のコントラストが人気。ソースの盛りつけかたで大きく雰囲気が変化する。

Recipe

材料：2 人分

エビ……6 尾
塩、こしょう……各少々

A
- 薄力粉……30g
- 強力粉……30g
- ビール……90ml
- インスタントドライイースト……3g

揚げ油……適量

B
- マヨネーズ……50g
- コチュジャン……小さじ 2
- ニンニク……少々（すりおろし）

ミックスリーフ……適量
サワークリーム……適宜

作り方：

1、エビは下処理をする。A、B をそれぞれ混ぜ合わせておく。
2、エビに薄力粉（分量外）をふるい A をくぐらせ 170℃に熱した油で揚げる。
3、ミックスリーフ、B のソース、2 を器に盛りつける。

①メニューのセレクトポイント

・ベニエは温前菜の定番調理方法（伝統の人気調理法）
・エビには繊細な旨味があり、多くの人に好まれている（人気食材）
・エビの形状が独特、また、加熱すると赤くなり見栄えがする（視覚効果）

②シーン別の盛りつけアイディア

日常
- 家庭的な暖かさ
- シンプルな盛りつけ

おもてなし
- エビの形を生かす
- 動きのある盛りつけ

パーティー
- 食べやすさ
- 取りやすさを重視

エビのベニエ（日常）‖→ P135

エビのベニエ（おもてなし）‖→P134

エビのベニエ（パーティー）‖→ P135

盛りつけ解説 エビのベニエ

Scene おもてなし (→ P132)

ソースと食材のフォルムのハーモニー

ソースの勢い、エビの配置バランスにより
お皿の中でエビが生きているような躍動感を感じる盛りつけ。

a. コチジャンマヨネーズソース

お皿にラインを描いてもだれない固さが程よく使いやすい。海の波のような響きをソースで描ける。

b. ベビーリーフ

好きな形の小振りな葉を選び、お皿に飾る。様々な種類の葉がミックスされているので、ハーブのようにトッピングとして活用できる。

c. セルフィーユ

繊細な形のハーブ。料理のアクセントに。

d. スパイス

カイエンヌペッパーと黒こしょう両者とも辛みのアクセントになる。また、赤と黒の色味も印象的。

e. サワークリーム

味のアクセント、そして、お皿の白さとのコントラスト、盛りつけた立体感がお皿に動きを出す。

f. エビのベニエ

エビに衣をつけて揚げた洋風天ぷらのような料理。

盛りつけポイント

半径が等しい曲線をソースで描きその上に、バランスよく置かれたエビ。エビと対するように飾られたベビーリーフの緑、エビのほんのりとした赤みとのコントラストが動きのある盛りつけに。

お皿セレクトポイント：リムがなくフラットな面積が広いので演出できるスペースが大きく構図が考えやすい。

応用した基本の図

線　曲線（同じ半径の波線）
色　強調［トッピング（散布）］

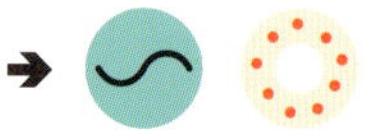

盛りつけ仕上げ

ソースで曲線を描き、その上にバランスよく揚げたエビを置く。サワークリーム、ベビーリーフをそれぞれのエビの周りに飾る。セルフィーユを飾り、カイエンヌペッパーと黒こしょうを振る。

Scene パーティー (→ P133)

パーティーはフィンガーフードで華やかに

小振りで気軽につまめるサイズ感がパーティーでは人気。一人分を分かりやすく並べるのがコツ。

a. **コチジャンマヨネーズソース**は点状に盛る
b. **ベビーリーフ**ひと葉のみ違う種類で飾る
c. **セルフィーユ**　d. **スパイス**
e. **サワークリーム**
f. **エビ**はお皿の中央に垂直線上に置く

盛りつけポイント

コチジャンマヨネーズソースとサワークリーム、セルフィーユとベビーリーフ、カイエンヌペッパーと黒こしょうの組み合わせでお皿の中央直線上に置いたエビを挟んで左右にわけて盛りつけを繰り返す。リズムが生まれる。
お皿セレクトポイント：長角皿を縦置きにすると、一人分ずつ盛りつけやすい。

応用した基本の図

点　複数の点（直線）

盛りつけ仕上げ

長角皿は縦に置く。中央にエビのベニエを盛りつけ、エビを挟んで左側に、サワークリーム、ベビーリーフ、カイエンヌペッパー、右側にコチジャンマヨネーズソース、セルフィーユ、黒こしょうの順に盛りつける。

Scene 日常 (→ P131)

家庭的な暖かみのある盛りつけ

エビ、ベビーリーフ、ソースを小振りなお皿にコンパクトに盛りつける。ボリューム感がより強調される。飾らないシンプルな盛りつけ。

a. **コチジャンマヨネーズソース**は
一カ所に多めで
b. **ベビーリーフ**はボリュームよくのせる。
c. **スパイス**で料理を引き締める
f. **エビ**はベビーリーフと対向に置く

盛りつけポイント

エビ、ベビーリーフ、ソースはそれぞれボリュームを持たせる。スパイスがアクセントで味、盛りつけの引き締め役になっている。
お皿セレクトポイント：小振りな丸皿は少量でもボリュームがあるように盛りつけができる。

応用した基本の図

配置バランス　バランス［並列（左右）］

盛りつけ仕上げ

エビ、ベビーリーフ、ソースはバランスよく盛りつける。最後にスパイスを振りかける。

03– 魚料理（メインディッシュ）

我々日本人には魚料理は馴染み深いものだが、
西洋料理においても様々な手法で魚はメイン料理として提供される。
最近では素材の持ち味を生かすシンプルな味つけや調理法が好まれる傾向にある。
食材のパワーが前面に出るような効果的な盛りつけを考えたい。

サワラのプロヴァンス風煮込み

トマト、ニンニク、オリーブオイルを使った料理はフランス、プロヴァンス地方の代表的な郷土料理。トマトを使った煮込みは日本でも親しまれている調理法。家庭的な料理であるが盛りつけで変化する。

Recipe

材料：2 人分

サワラ（切身）……2 切れ
ニンニク……1 片
赤唐辛子……1/2 本
グリーンオリーブ
……4 粒（パプリカ入り）
塩、こしょう……各適量
小麦粉……大さじ 2
オリーブオイル……大さじ 2
トマトソース……1/4 カップ
白ワイン……大さじ 2
タイム……適量

作り方：

1. サワラを適当な大きさにカットし両面に塩をふり水分が出たら水洗いし水気を拭いて小麦粉をふるう。ニンニクは薄切りにしておく。
2. フライパンにオリーブオイルを入れサワラを中火でこんがり焼く。
3. 2 へニンニク、赤唐辛子、グリーンオリーブを加え香りが出るまで炒める。そこへトマトソースと白ワイン、タイムを加えて中火で 5 ～ 6 分煮込み、塩、こしょうで味を調える。

①メニューのセレクトポイント

・サワラはサバ科であるが身は白く肉質は柔らか（食材の旨味）
・トマト、オリーブ、ニンニクの組み合わせは人気（人気の調理法）

②シーン別の盛りつけアイディア

日常	●暖かみのある家庭的な盛りつけ ●シンプルな盛りつけ	
おもてなし	●シンプルに料理を見せる ●料理の持ち味を楽しむ	
パーティー	●タパススタイル（小皿料理） ● 取り分けやすさ	

サワラのプロヴァンス風煮込み（日常）‖→ P141

サワラのプロヴァンス風煮込み（おもてなし）‖→ P140

サワラのプロヴァンス風煮込み（パーティー）‖→P141

盛りつけ解説 サワラのプロヴァンス風煮込み

Scene おもてなし (→ P138)

シンプルで洗練された盛りつけ

サワラ本来の味を楽しむために、トマトソース、タイム、オリーブオイルの繊細なバランスが重要になる。

a. サワラ

四角形にカット。2段に盛りつける。

b. トマトソース

ソースは魚本来の味を楽しむためにサワラの上に少量品よく盛りつける。

c. タイム

料理に使用したタイムをお皿にバランスよく置き、その上にサワラをのせる。

d. グリーンオリーブ

パプリカが詰められたグリーンオリーブ。スライスして中身をみせると彩りになる。

e. オリーブオイル

ソースで料理を仕上げる代わりに、オリーブオイルをお皿にまわしかけ仕上げる。

盛りつけポイント

サワラの味を邪魔しないようにインパクトの強いトマトソースは控えめにし、タイムやオリーブオイルで味と盛りつけのアクセントにする。また、魚の切り身を四角形にカット。お皿との統一感、2段に重ねることにより存在感とリズムを出している。シンプルながら繊細な盛りつけ。

お皿セレクトポイント：角皿はサワラの切り身の形と統一感が生まれる。

応用した基本の図

立体　立方体
線　放物線
色　強調［トッピング（集中）］

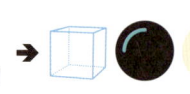

➔ 

盛りつけ仕上げ

タイムをお皿に置き、中央にサワラを2段に重ねる。グリーンオリーブのスライスを飾り、オリーブオイルをまわしかける。

Scene 日常 (→ 137)

家庭的な暖かみのある盛りつけ

素朴な盛りつけには安心感がわく。ほどよいボリュームで盛りつけられた料理に心もお腹も満足する。

a. **サワラ**は切り身のままの大きさで。
b. **トマトソース**を添えてたっぷり堪能する。
c. **タイム**はシンプルにサワラにトッピング。
d. **グリーンオリーブ**はそのまま飾る。

盛りつけポイント

サワラの切り身のボリューム感、たっぷりのトマトソース、奇をてらわないシンプルさが日常を楽しくしてくれる盛りつけのポイント。
お皿セレクトポイント：定番の丸皿。少し小さめなサイズにすると料理のボリューム感が演出される。

応用した基本の図

線　放物線
色　強調［トッピング（集中）］

→ 

盛りつけ仕上げ

サワラをお皿に盛りつけ、ソースを添える。サワラにグリーンオリーブ、タイムを飾る。

Scene パーティー (→ 139)

小皿使いでタパススタイルに盛りつける

取り分けにくいメイン料理はあらかじめ小皿に盛りつける。見た目のかわいさと取りやすさが共存する。

a. **サワラ**は小皿に合わせて小さくカットする。
b. **トマトソース**はサワラにかける。
c. **タイム**はあえて、サワラの上にのせず、お皿全体を飾る。
d. **グリーンオリーブ**はサワラに一粒ずつ添える。
e. **小皿**に一人前ずつのせて取り分けられるようにする。

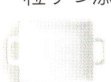

盛りつけポイント

一人分の料理をのせた小皿を大きめなお皿にのせるとき、左右にずらしながらのせると動きが演出される。飾ったタイムのバランスが動きをサポートしている。
お皿セレクトポイント：長角皿をトレー代わりに。小皿と形のバランスがよい。

応用した基本の図

配置バランス　平行（斜め）

→ 

盛りつけ仕上げ

小皿に一人前の料理を盛りつけ、長角皿にのせる。タイムでお皿全体を飾る。

04_ 肉料理（メインディッシュ）

食事の中でやはり一番気分が盛り上がるのは肉料理だ。
素材の持つ旨味とコクを凝縮させた肉料理は、
存在感のある盛りつけに仕立てたい。

牛肉のタリアータ

タリアータとはイタリアで牛肉を焼いて薄切りにした定番料理のこと。シンプルに肉を焼く直球メニューはインパクトのある盛りつけで素材のパワーを表現したい。

Recipe

材料：2人分

牛肉（ロース）……200g
ルッコラ……4株
ラディッシュ……2個
パルミジャーノレッジャーノ……適量
塩……小さじ1/3
黒こしょう……適量
オリーブオイル……大さじ1
カシスマスタードソース……適量

作り方：

1. 牛肉（ロース）に塩、黒こしょうを手ですりこむ。
2. オリーブオイルを強火で熱し、1を両面焼きしばらくおいて肉汁が落ち着いたら食べやすい大きさに切る。
3. 器に2とルッコラ、ラディッシュを盛りつけパルミジャーノを削る。カシスマスタードソースを添え黒こしょうを散らす。

①メニューのセレクトポイント

・肉料理の中でも牛肉は老若男女から好かれる食材（人気の高級食材）
・シンプルな調理法で食材自体を堪能できる（定番料理）
・華やかなテーブルを演出するパワーのあるメニュー(心理効果)

②シーン別の盛りつけアイディア

日常	●本場イタリアのスタイル ●ボリューム満点なカジュアル感	
おもてなし	●モダンでお洒落な盛りつけ ●遊び心で非日常感を出す	
パーティー	●デザイン性のある盛りつけ ●スタイリッシュな盛りつけ	

牛肉のタリアータ（日常）‖→P147

牛肉のタリアータ（おもてなし）‖→ P146

牛肉のタリアータ（パーティー）‖→P147

Scene おもてなし (→P144)

キャンバスに描くように盛りつける

お皿に絵を描くように料理を盛りつけ、遊び心あふれる仕上がり。
目でも楽しませる一品。

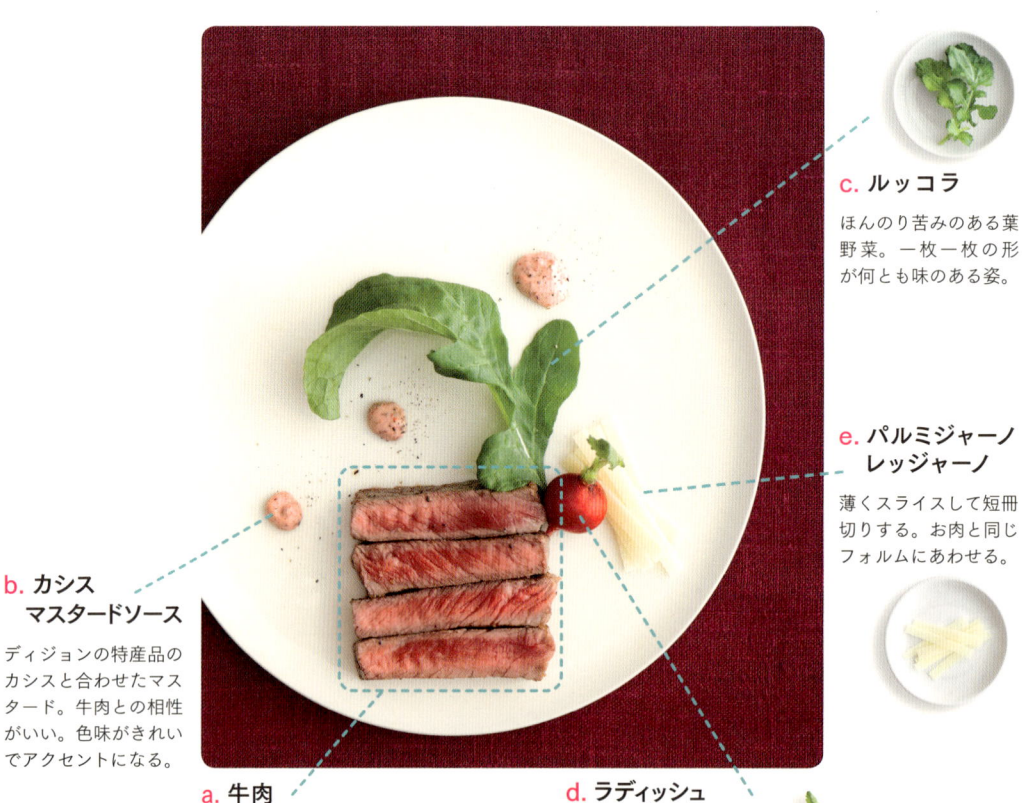

c. ルッコラ

ほんのり苦みのある葉野菜。一枚一枚の形が何とも味のある姿。

e. パルミジャーノ レッジャーノ

薄くスライスして短冊切りする。お肉と同じフォルムにあわせる。

b. カシス マスタードソース

ディジョンの特産品のカシスと合わせたマスタード。牛肉との相性がいい。色味がきれいでアクセントになる。

a. 牛肉

焼いた後落ち着かせ、角柱状に切る。何本か並べて、正方形にする。

d. ラディッシュ

切らずにコロンとしたそのままの形を生かす。

盛りつけポイント

角柱状に切った肉の切り口を上にして正方形に盛りつける。ルッコラがお肉から成長していくような配置と、カシスマスタードソースの配置から躍動感が表現される。

お皿セレクトポイント：フラットでリムがないお皿は、盛りつけをデザインできるスペースが広く演出性が高くなる。

応用した基本の図

面　形のある面（正方形）
点　複数の点（直線）

➔ 

盛りつけ仕上げ

角柱状に肉を切り盛りつけ、ルッコラ、ラディッシュ、パルミジャーノレッジャーノを盛りつけ、カシスマスタードソースを添え、黒こしょうを仕上げに振る。

Scene 日常 (→ P143)

トラットリーア風なカジュアルなスタイル

薄切りにした温かい肉をたっぷりのサラダと合わせて頂く贅沢な一品。気分が盛り上がる。

a. **牛肉**は薄切りにして重ねるように盛りつける。
b. **カシスマスタードソース**を添える。
c. **ルッコラ**をボリュームよく盛りつける。
d. **ラディシュ**は食べやすいようにくし切りにする。

e. **すりおろしたパルミジャーノレッジャーノ**を振る。

盛りつけポイント

食べやすいように食材を仕立て、ボリュームを出すように盛りつける。ステーキはスライス、ラディシュはくし切り、パルミジャーノレッジャーノはすりおろす。
お皿セレクトポイント：オーバル皿は畏まらないカジュアルな印象を演出してくれる。

応用した基本の図

配置バランス　バランス［融合（左右）］ ➔ 

盛りつけ仕上げ

焼いた肉を落ち着かせ薄切りにし盛りつける。ルッコラ、ラディシュ、パルミジャーノレッジャーノを盛りつける。カシスマスタードソースを添え、黒こしょうを仕上げに振る。

Scene パーティー (→ P145)

幾何学的にデザインされた盛りつけ

牛肉を角柱状に切ると、幾何学の「線」を表現する印象になる。配置バランスの無機質さとの相乗でスタイリッシュなデザインの盛りつけになっている。

a. **牛肉**は角柱状に切る。
b. **カシスマスタードソース**はそれぞれの肉に添える。
c. **ルッコラ**は皿全体の飾りとして添える。
d. **ラディシュ**は食べやすいようスライスしてそれぞれの肉に。

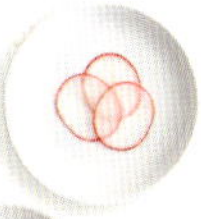

e. **パルミジャーノレッジャーノ**は大きめの短冊状にスライス。

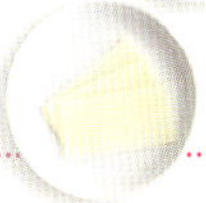

盛りつけポイント

カットした牛肉でデザインされた水平なラインと垂直なラインの緊張と融合を表現。パルミジャーノレッジャーノを肉の下に敷くことでよりラインが強調されている。モダンな盛りつけ。
お皿セレクトポイント：盛りつけと統一感を出すため水平と垂直のバランスがとれた角皿をセレクト。

応用した基本の図

配置バランス　平行（水平）
配置バランス　平行（垂直） ➔ 

盛りつけ仕上げ

パルミジャーノレッジャーノをお皿に盛りつけ、その上に角柱状に切った肉をのせる。カシスマスタードソース、ラディッシュをのせ、黒こしょうを振る。ルッコラで飾る。

05_ サラダ

サラダには大きく２つの役割がある。ひとつは、メイン料理を頂いた後、口をリフレッシュさせるためのもの。そして、前菜として酸味を効かせたドレッシングと頂き食欲を増進させる役割である。
どちらもサラダ菜が中心のシンプルなものであるが、最近では、様々な種類の食材と一緒に合わせたボリューム感のある豪華なサラダが人気であり、盛りつけにもこだわりたい。

ニソワーズ サラダ

ニソワーズ サラダとはフランス、ニース地方を発祥とするサラダのこと。トマト、アンチョビ、オリーブ、ゆで卵などを主な材料とするが、様々な食材を加え独自のスタイルで食されることも多い。カジュアルな料理である故に盛りつけは独創的な発想で非日常を演出したい。

Recipe
材料：２人分
ゆで卵……2 個
ジャガイモ……小 2 個
サヤインゲン……6 本
サラダ菜……1/2 個
トマト……中 1 個
ツナ……小 1 缶
アンチョビ……2 切れ
ブラックオリーブ……6 粒

〔ドレッシング〕
マスタード……大さじ 1/2
白ワインビネガー……大さじ 2
サラダ油……大さじ 3
塩、黒こしょう……各適量

作り方：
1. ジャガイモとサヤインゲンは、塩ゆでし適当な大きさに切っておく。
2. ゆで卵、トマトは食べやすい大きさに切り、ツナは油を切ってほぐす。
3. 器にサラダ菜、1、2、アンチョビ、ブラックオリーブを盛りつけ、よく混ぜたドレッシングをかける。

①メニューのセレクトポイント

・健康志向の高まりでサラダが人気（流行のメニュー）
・具材がたくさん盛られご馳走感が出る（心理効果）
・馴染みのある食材で安心感（人気の食材）

②シーン別の盛りつけアイディア

日常	●ご馳走サラダ ●食べ応えのあるボリューム ●シンプルな盛りつけ	
おもてなし	●モダンな前菜仕立て ●サプライズのある盛りつけ	
パーティー	●斬新な盛りつけ ●デザインのラインを意識 ●取り分けやすい機能性	

サラダ（日常）‖→ P153

ニソワーズ　サラダ（パーティー）‖→P153

ニソワーズ　サラダ（おもてなし）‖→P152

Scene おもてなし （→ P151）

ミルフィーユ仕立ての革新的な前菜にアレンジ

食材を重ねてミルフィーユ状にした繊細な盛りつけ。家庭的な料理も盛りつけでモダンな一品に変化する。

a. ドレッシング

マスタードの効いたヴィネガードレッシング。色味と勢いで料理に動きを出している。

b. アンチョビ

アンチョビのフィレを垂直線のラインを強調するようにカットする。

c. ジャガイモ

食材を重ねられるようにジャガイモは輪切りにし、切り口をフラットにする。

d. トマト

トマトは輪切りにする。ジャガイモとサイズを揃えるときれいに盛りつけができる。

e. ゆで卵

ゆで卵は輪切りにしておく。色味の明るさで軽いイメージを出す。

盛りつけポイント

ジャガイモ、トマト、サヤインゲン、ツナはサイズやボリューム感を揃えるように盛りつけるとバランスをとりやすい。全体の食材が垂直線の盛りつけになっているのに対して水平線に見えるアンチョビの形がアクセントになっている。

お皿のセレクトポイント：高さのある盛りつけ、また、遊びの要素が多い盛りつけなので比較的フラットなお皿をチョイスする。

応用した基本の図

線　直線（垂直）
立体　直方体

➔ 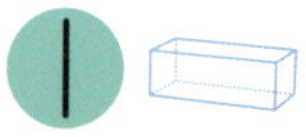

盛りつけ仕上げ

ドレッシングでお皿中央に垂直線を描く。ジャガイモ、トマト、サヤインゲン、ツナ、ゆで卵を重ねる。ブラックオリーブ、アンチョビで飾り、黒こしょうを振る。サラダ菜を置く。

Scene 日常 (→ P149)

カジュアルで豪快なボリュームのサラダ

食材は大きめにカットして食べ応えのあるサラダに仕立てる。満足感のあるシンプルな料理は飾り立てずに素材を生かす。

- a. **ドレッシング**は好みでかける。
- b. **アンチョビ**は手でちぎる。
- c. **ジャガイモ**はくし切りにして存在感をだす。
- d. **トマト**はくし切りに。ジャガイモと形を合わせて。
- e. **ゆで卵**は大胆に半分にカット。

盛りつけポイント

大きめに準備した食材をバランスよく盛りつける。シンプルな料理はあまり考えすぎずに盛りつけるのがお勧め。

お皿セレクトポイント：深さのあるお皿に盛りつけると立体感が出る。

応用した基本の図

点　複数の点（ランダム）→

盛りつけ仕上げ

サラダ菜をお皿に置き、ジャガイモ、トマト、サヤインゲン、ツナ、ゆで卵、ブラックオリーブをバランスよく盛りつけ、最後にアンチョビをのせる。

Scene パーティー (→ P150)

食材を幾何学的に並べる

食材を水平に並べて左右に広がる「線」を表現。デザイン的な盛りつけを試みた斬新な盛りつけ。

- a. **ドレッシング**も食材に平行にかけ、水平線を強調する。
- b. **アンチョビ**はフィレのまま、直線のラインを生かす。
- c. **ジャガイモ**は縦半分に切り、輪切りにする。
- d. **トマト**はブラックオリーブと同じ程度のサイズを使うとバランスがとれる。
- e. **ゆで卵**はスライスする。

盛りつけポイント

食材全てを水平線を意識して並べる。サラダを構成する食材が一望できる。

お皿セレクトポイント:並べた食材がこぼれ落ちづらくするため、リムが少し立ち上がっているお皿をセレクト。

応用した基本の図

線　直線（水平）→

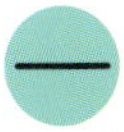

盛りつけ仕上げ

ジャガイモ、トマト、サヤインゲン、ゆで卵を切り水平線を描くように盛りつける。ブラックオリーブ、ツナ、サラダ菜を盛りつけアンチョビで飾る。ドレッシングをかけ黒こしょうを振る。

06- パスタ

イタリア（コース料理）ではパスタはプリモ・ピアット、第二の皿として前菜の次の料理、メイン料理の前に提供される。しかし、日本ではパスタは前菜というよりは、単体で食事のメニューとして位置づけられることが多い。一品のメニューとしてボリューム感を出して盛りつける、または、イタリアのように前菜の一品として盛りつける、大きくは２通りの発想が可能だ。

トマトとバジルのスパゲッティーニ

トマトソースはパスタ定番のソース。トマトの酸味とバジリコの爽やかな香りは人気のメニュー。日常的に食べられるパスタだがおもてなしやパーティーのシーンでも活用したい。

Recipe

材料：２人分

スパゲッティーニ……160g
オリーブオイル……大さじ３
ニンニク……２～３片
ホールトマト……１缶
白ワイン……大さじ２
バジル……２枝分
塩……小さじ 1/2
黒こしょう……少々
砂糖……適量
パルミジャーノレッジャーノ
……適量

作り方：

1. トマトソースを作る。
フライパンにみじん切りしたニンニクとオリーブオイルを入れ弱火にかけじっくりと炒める。そこへホールトマト、白ワイン、塩、黒こしょうをしてひと煮立ちしたら砂糖で味を調え軽く煮込む。
2. パスタを茹でる
たっぷりのお湯に塩〈分量外〉を入れスパゲッティーニを袋の指示より１分短めに茹でる。
3. ２を１に入れよく混ぜ、皿に盛りつける。
4. パルミジャーノレッジャーノ、分量外のバジル、黒こしょう、オリーブオイルをかける。

①メニューのセレクトポイント

・トマトソース、バジルはパスタの定番（人気メニュー）
・ロングパスタを生かしたい（定番の乾燥パスタ）

②シーン別の盛りつけアイディア

日常	●安心感のある日常スタイル ●ボリューム感を出す	
おもてなし	●食べやすさ ●特別感を出す ●前菜感覚の盛りつけ	
パーティー	●取り分けやすさ ●見た目の可愛らしさ	

トマトとバジルのスパゲッティーニ（日常）‖→ P159

トマトとバジルのスパゲッティーニ（おもてなし）‖→P158

トマトとバジルのスパゲッティーニ（パーティー） ‖→P159

盛りつけ解説 トマトとバジルのスパゲッティーニ

Scene おもてなし (→ P156)

小振りに品よく盛りつける

パスタというとカジュアルなイメージがあるが、少量ずつ盛ると繊細な印象になる。

a. スパゲッティーニ

細めのロングパスタ。少量ずつ高さを出して盛る。

b. バジル

味のアクセントであり盛りつけのアクセント両方の役割をかねる。

c. パルミジャーノ レッジャーノ

すりおろして振る。味が馴染みやすい。

d. 黒こしょう

料理の味と盛りつけの引き締め役になる。

e. オリーブオイル

仕上げにかけるとソース代わりにアクセントとなる。

盛りつけポイント

スパゲッティーニを小振りに高さを出して盛りつけると、料理にリズムが生まれる。一口サイズで上品な盛りつけになる。

お皿セレクトポイント：スパゲッティーニを直線で並べたいときは、お皿も直線のラインがあるタイプを選ぶと統一感がでる。

応用した基本の図

点　複数の点（直線）
線　曲線（同じ半径の波線）

盛りつけ仕上げ

スパゲッティーニを高さを出すように小振りに盛る。パルミジャーノレッジャーノ、分量外のバジル、黒こしょう、オリーブオイルをかける。

Scene 日常 (→ 155)

気取らないカジュアルな盛りつけ

日常的に食べることが多くあるパスタ。家庭で、また、ビストロやカフェなどのお店でも盛りつけはシンプル。

a. **スパゲッティーニ**は中央が少し高くなるようにこんもり盛りつける。

b. **バジル**を流れるように飾る。

c. すりおろした**パルミジャーノレッジャーノ**を満遍なくかける。

d. **黒こしょう**をかけて味と盛りつけを引き締める。

盛りつけポイント

スパゲッティーニは中央が高くなるように盛りつける。バジルを盛りつける場所のバランスで印象が大きく変わるのでどのようにしたいかイメージを持って盛りつけるとよい。

お皿セレクトポイント：スパゲッティーニは少し深さがあるお皿に盛りつけると、麺が広がらずこんもりと盛りつけられる。

応用した基本の図

点　大きさ（存在感）
点　複数の点（曲線）

→ 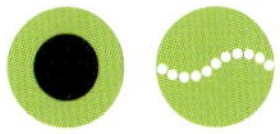

盛りつけ仕上げ

スパゲッティーニは高さを出すようにお皿に盛る。パルミジャーノレッジャーノ、バジル、黒こしょうをかける。

Scene パーティー (→ P157)

タパス風に小皿で盛りつける

パーティーでパスタは取り分けづらいので、あらかじめ小皿に盛りつけ、食べやすいように配慮する。ソースの飛び散りも防げる。

a. 小皿に**スパゲッティーニ**を盛りつけてゲストが取りやすいようにする。

c. **パルミジャーノレッジャーノ**は薄くスライス短冊切りに。チーズの風味がしっかり味わえ、見た目に意外性がありアクセントになる。

d. **黒こしょう**を振る。

盛りつけポイント

小皿にスパゲッティーニを盛りつけ、長角皿に配置する。パスタを小盛りにすることで食べやすく、また、取りやすくなるのでゲストに配慮した盛りつけとなる。

お皿セレクトポイント：小皿はパスタ皿のミニチュア版のような可愛らしさがあり、テーブルに変化がつく。

応用した基本の図

配置バランス　平行（斜め）

→ 

盛りつけ仕上げ

スパゲッティーニは小皿に高さを出すように盛る。パルミジャーノレッジャーノ、バジルを添え、黒こしょうをかける。

07_ サンドイッチ

サンドイッチとは、薄切りのパンの間にハムや野菜などの具材を挟んだ料理で
イギリスが発祥の国とされている。もともと気軽な軽食として世界各国に普及発達した料理だが、
現在では具材に高級食材を使うなど豪華なサンドイッチが登場し、
盛りつけにもこだわりが求められるようになっている。

B.L.T. サンドイッチ

ベーコン、レタス、トマトを具材にボリューム満点に作られたサンドイッチ。野菜をたっぷりとれる人気のメニューだ。カジュアルなサンドイッチも盛りつけでイメージが一新する。

Recipe

材料：2人分

山型パン……4枚
バター……15~20g
マスタード……10~15g
ベーコン……4枚
レタス……6枚
トマト……大1個
カラートマト……適量
粒マスタード……適量
サラダ油……適量

作り方：

1. ベーコンはサラダ油を入れたフライパンでこんがり焼く。トマトはスライスしておく。
2. 山型パンをこんがり焼きバター、マスタードを塗る。
3. 2の1枚にレタスを折るように置き、トマト、ベーコンの順に重ね上からもう1枚の2ではさむ。
4. 好みの大きさに切って盛りつけ、カラートマト、粒マスタードを添える。

①メニューのセレクトポイント

・野菜がたっぷりとれるメニュー（健康志向・流行）
・人気のメニュー（定番メニュー）
・シンプルな食材で万人が好む（馴染みのある食材）

②シーン別の盛りつけアイディア

日常	●カジュアルな軽食 ●毎日の食卓	
おもてなし	●カフェランチ ●お洒落な盛りつけ	
パーティー	●家庭的な素朴さ ●フィンガーフード	

B.L.T. サンドイッチ（日常） ‖ → P165

B.L.T. サンドイッチ（おもてなし）‖→P164

B.L.T. サンドイッチ（パーティー）‖→ P165

盛りつけ解説 B.L.T. サンドイッチ

Scene おもてなし (→ P162)

具材を見せて食欲を刺激する

サンドイッチのフォルムを壊さず、
挟まれている具材を見せる粋な盛りつけ。

a. 山型パンの切り方

横４等分にカットする。ボリュームがあるので食べやすくなる。

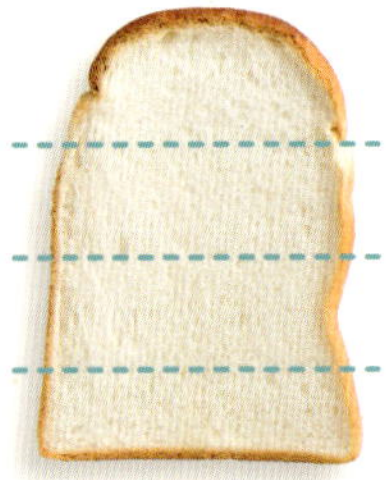

d. カラートマト

彩りで粒マスタードと対称に置く。

b. トマト

切り口がきれいに見えるように、パンのサイズに合わせてトマトは大きめの物をチョイスする。

c. 粒マスタード

味と彩りのアクセントに欠かせない。

盛りつけポイント

山型パンの形を生かしながら、具材を見せるようにしたことで、マンネリ化を避けた盛りつけになる。具材のボリューム感が魅力的に見えるように挟むのがポイント。

お皿セレクトポイント：サンドイッチを置けるフラットな面が大きいお皿。

応用した基本の図

配置バランス　平行（斜め）　➔ 

盛りつけ仕上げ

山型パンに具材を挟んだら、横４等分にカット。お皿に盛りつける。カラートマト、粒マスタードを添える。

Scene パーティー (→P163)

堅苦しいルールがいらない集まりに

カジュアルなフィンガーフードであまり畏まらない雰囲気作りができる。

a. **山型パン**は縦 2 等分、更に、横 3 等分に切る。ティーサンドイッチ程度の大きさにする。

c. **トマト**は小振りで切ったパンのサイズ程度の大きさをセレクトする。

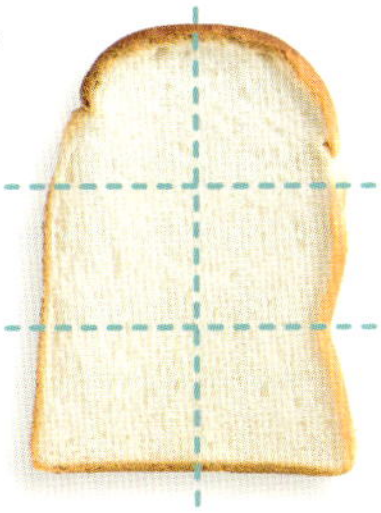

盛りつけポイント

サンドイッチが崩れないようにピックを刺す。お皿の縁と平行にバランスよくサンドイッチをのせる。お皿の中心にも置きバランスを取る。

お皿のセレクトポイント:リムがなくフラットな大きめなお皿。

応用した基本の図

点　複数の点（円） ➔

盛りつけ仕上げ

山型パンにバターとマスタードを塗った後、パンを切ったあとで、用意した具材を挟む。ピックを刺して崩れないようにする。

Scene 日常 (→P161)

毎日の食卓に飽きのこない シンプルスタイル

小振りなお皿に盛りつけると、ボリューム感が強調される。暖かみのある家庭的な印象になる。

a. **山型パン**は山型の方を横 1/3 くらいカットし、残りを斜め 2 等分にする。

b. **粒マスタード**はバランスを見て添える。

d. **カラートマト**を彩りで添える。

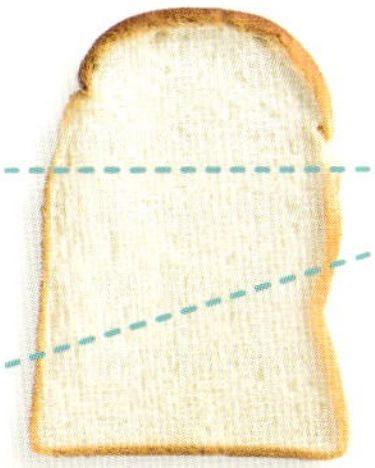

盛りつけポイント

色味をプラスするためにいつもと違う色のトマトを飾る。味のプラスαとなるように粒マスタードを添える。

お皿セレクトポイント:リムがたちあがっている物をセレクト。サンドイッチがこぼれ落ちない。

応用した基本の図

配置バランス　グループ（三角形） ➔

盛りつけ仕上げ

山型パンに具材を挟んだら、山型の方を横 1/3 くらいカットし、残りを斜め 2 等分にカット。お皿に盛りつける。カラートマト、粒マスタードを添える。

08-デザート

食事の最後を締めくくるデザート。味はもちろんであるが、
デザイン性の高いデザートが求められるようになってきている。
自由な発想で視覚的にインパクトのある盛りつけを目指したい。

チョコレートムース

チョコレートの豊かな味わいの定番デザート。まろやかでとろけるような食感が人気の伝統的なデザートも見た目が変わると印象は大きく変化する。

Recipe

材料：作りやすい分量

チョコレート……65g
バター……50g
卵黄……2個分
卵白……2個分
砂糖……30g

「チュイル」
バター……50g
粉糖……50g
卵白……50g
薄力粉……40g

〔ソースほか〕
ホイップクリーム
杏ジャム
チョコレートソース
カルダモンパウダー
チョコレートパウダー
セルフィーユ

作り方：

1. チョコレートは刻んでバターとボウルに入れ湯せんで溶かし卵黄を加え混ぜる。別のボウルで卵白を泡立て途中2~3回に分けて砂糖を加えメレンゲを作りチョコレートの方へ加え混ぜ、冷蔵庫でしっかり冷やす。
2. チュイルを作る。常温で戻したバターと粉糖、卵白をよく混ぜ薄力粉を加え更に混ぜる。チュイル用の長方形の型に流し180℃のオーブンで3～5分焼く。
3. 器に盛りつけ、チュイル、ソースほかを飾る。

①メニューのセレクトポイント

・チョコレートは老若男女から好かれる（人気食材）
・軽い食感（料理の流行、傾向と合わせて軽めに）
・定番のデザート（安心感）

②シーン別の盛りつけアイディア

日常

● カフェスタイル
● 素朴な盛りつけ

おもてなし

● モダンなスタイル
● 洗練された大人のデザート

パーティー

● 気軽なスタイル
● フィンガーフード

チョコレートムース（日常）‖→P171

チョコレートムース（パーティー）‖→ P170

チョコレートムース（おもてなし）‖→P171

Scene パーティー （→ P168）

チュイルにのせてフィンガーフードに

チュイル（薄く焼いたクッキー）にムースをのせ、気軽につまんで食べられるデザートに仕立てる。

g.チョコレートパウダー

仕上げに使い、料理のアクセントに。

a. チョコレートムース

絞り袋に入れて、ムースをチュイルの上に絞り出す。

b. チュイル

生地を薄く伸ばして焼いたクッキー。ぱりっとした食感。

d. 杏ジャム

ほどよい酸味のジャムはチョコレートと好相性。艶出し効果もある。

c. カルダモンパウダー

豊かな芳香があり高価なもので、スパイスの女王と呼ばれている。上品で爽やかな香りはチョコレートとマッチ。

e. ホイップクリーム

チョコレートの色とのコントラストで盛りつけのアクセントになっている。

f. チョコレートソース

チョコレートムースとの素材感の対比で立体感が生まれている。

h. セルフィーユ

デザートにもハーブをトッピングする事で、色味とリズム、アクセントを出すことできる。

盛りつけポイント

チュイルにチョコレートムースをのせて、つまんで食べられるスタイルはパーティーに最適。ランダムにお皿に盛りつけ動きを出している。

お皿セレクトポイント：チョコレートムースをバランスよくたくさん盛れるように、リムがない大きめでフラットなお皿であることが大切。

応用した基本の図

点　複数の点（ランダム）
色　強調［トッピング（分散）］

➔ 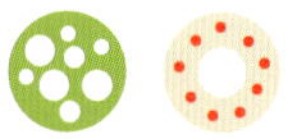

盛りつけ仕上げ

チョコレートムースをチュイルに絞り出す。ホイップクリーム、杏ジャム、チョコレートソース、カルダモンパウダー、チョコレートパウダー、セルフィーユを飾る。

Scene 日常 (→ P167)

カフェ風のカジュアルな一皿

人気のカフェスタイルはシンプルお洒落な盛りつけ。気分が盛り上がる。

a. **チョコレートムース**はスプーンで形作る。

e. たっぷりの**ホイップクリーム**は
チョコレートムースの 下に。

f. **チョコレートソース**でムースの周りに
ラフに円を描く。

g. **チョコレートパウダー**を仕上げに振る。

h. **セルフィーユ**を少し大きめに飾る。

盛りつけポイント

チョコレートソースをムースの周りに何重にも丸く描く。ラフな円の線は暖かみと動きを作る。デコレーションもシンプル。

お皿セレクトポイント：丸皿が多い中で正方形のお皿で変化がつく。小さめなサイズを選ぶと使いやすい。

応用した基本の図

線　円
色　強調［トッピング（集中）］

➔ 

盛りつけ仕上げ

お皿にホイップクリームをおき、その上にチョコレートムースをのせる。チョコレートソース、チョコレートパウダー、セルフィーユで飾る。

Scene おもてなし (→ P169)

シックでモダンな盛りつけ

お皿の空間を生かしたシックな大人のデザート。シンプルな盛りつけとお皿の演出効果のマッチング。

a. **チョコレートムース**はセルクルで形を作る。

b. **チュイル**でムースを挟むように置く。

c. **カルダモンパウダー**はお皿に少し振る。

d.e.f. **杏ジャム、ホイップクリーム、チョコレートソース**はムースの上にランダムなドット柄でアクセントに。

g. **チョコレートパウダー**はお皿に少し振る。

盛りつけポイント

チョコレートムースをセルクルなど抜き型で仕立てると構築的な印象を与え、モダンな盛りつけになる。飾りすぎず、空間を楽しむ。

お皿セレクトポイント：リム幅が広く空間性が演出できる。

応用した基本の図

面　空間を表す面［違う形の複数の面
　　（円×長方形）］
点　複数の点（ランダム）

➔ 

盛りつけ仕上げ

チョコレートムースをセルクルで仕立てる。杏ジャム、ホイップクリーム、チョコレートソースで飾る。チュイルを添え、カルダモンパウダー、チョコレートパウダーを振る。

COLUMN

錯視 2

錯視とは普通とは違う状態に見えることであり、盛りつけにおいても上手に取り入れることで高い視覚効果が期待できる。逆に自分が意図しない錯視が見えてしまうこともあるので注意が必要だ。ここでは、長さ（直線）や図形の変則性について３つの代表的な錯視を紹介する。

★フィック錯視（垂直水平線の錯視）

同じ長さの垂直な線は水平な線より長く見える。

※19世紀中頃、フィック（A.Fick）が発見した。

図1　フィック錯視

★ミュラー・リヤー錯視

一見図の２本の水平線の長さは異なるように見えるが、同じ長さである。同じ長さの２本の線を描いた後で、その両側にどのような図形がくるかで見え方が変わる。一般的に外側に向かう図形を加えると長めに感じ、内側に向かう図形を加えると短めに感じる。

※19世紀後半にミュラー・リヤー（F.C.Müller-Lyer）が発見した。

図2　ミュラー・リヤー錯視

★ポッケンドルフ錯視

斜線を描き、その間を図形で隠すと、斜線が直線ではないように見える。２つの線が作る鋭角が実際より大きく知覚されることにより錯覚を起こすと言われている。斜線が水平に近づく、鋭角が90°に近づくにつれ、この錯覚は弱まる。

※19世紀中頃にポッケンドルフ（J.C.Poggendorff）が発見した。

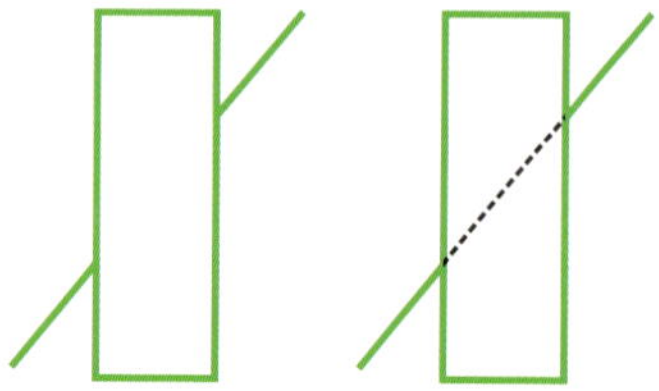

図3　ポッケンドルフ錯視

4章

お皿のバリエーションで考える盛りつけ

お皿のフォルムによって視覚心理に影響を与えることは前述した。盛りつけにお皿は大きな影響を与える要素である。昨今、料理を選ばず見栄えよく盛りつけができると白皿が人気であるが、少し変化が欲しいときもある。リムにレリーフがあるもの、リムに柄があるもの、お皿全体に柄があるもの、フォルムが特殊なもの、材質がガラスのものなどを紹介する。お皿のバリエーションごとに同じ料理を盛りつけているので、どのような違いや効果があるか比較している。

1. リムにレリーフがあるお皿の盛りつけ

レリーフは主張しすぎることなく
盛りつけのデザインのアクセントになる

白皿に少し変化が欲しいときには、リムにモチーフが浮き彫りにされているタイプのお皿がお勧めだ。色味のない白いお皿は料理を引き立たせ、かつ、モチーフが盛りつけのデザインの延長として変化をつける。シンプルにお皿に料理を盛りつけるだけで印象は大きく変わる。

**シンプルなリムの縁模様で
お皿のフォルムが際立つ**

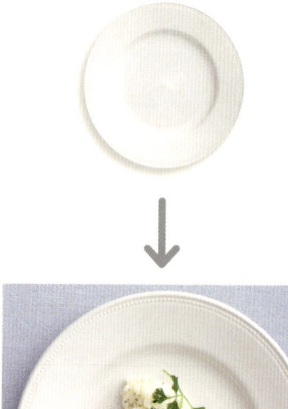

1ライン凹凸の模様がお皿のリムにあるだけで、料理が引き締まる。お皿は優しいクリーム色系の色味なので料理が暖かい家庭的な印象になる。

**リム全体に入る幾何学模様で
シャープな印象を演出する**

お皿の形である円形のモチーフが繰り返されることにより、お皿の均整のとれたフォルムが強調される。目線がお皿の中央に集まり料理が引き立つ。

**お皿の中央に向かうモチーフは、
外へ広がるベクトルと重なる**

リムに縦に入るラインはお皿のフォルムと垂直になる動きで、料理を拠点に外へと向かう印象を表す。料理から広がりが感じられる。

ポークソテー

家庭的なメニューもいつもとは違うレリーフのある白皿に盛りつけると料理の印象が変化する。

レリーフの斜めの線がエレガントな表情を演出する

リムに斜めに入るラインと縁の丸みのあるラインが優雅な印象。料理に目線が自然に注がれる。

小振りなチェック柄で様々なシーンで活躍

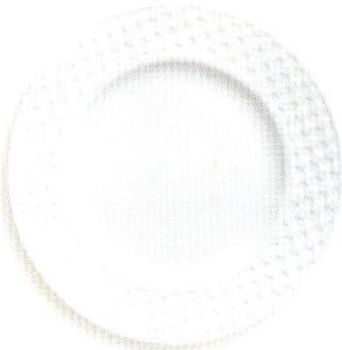

柄が小さいので料理に影響を与えることなく、デイリーからフォーマルまで使用が可能なスタイリッシュなお皿。料理が高級に見える。

大振りな幾何学模様でインパクトのある力強いお皿

柄が大きくなると、目線が料理ではなくお皿に集中する傾向がある。お皿に負けないパンチのある料理を盛りつけるのがお勧め。

2. リムに柄があるお皿（ハイブランド）の盛りつけ

クラシックでエレガントなリムの柄は
料理の格を上げ高級感を醸し出す

中世、ヨーロッパの各国は競って陶器を作ることに財力を捧げ、すばらしい洋食器の文化を作り上げた。今も愛され続ける一流の名窯ブランドのお皿は、取り入れてみたいアイテム。全面に柄があるものに抵抗があるときは、リムに柄があるものから試したい。

上品なブルーの花柄は
リムの一部使いでアクセントに

お皿の花柄が、ハーブやエディブルフラワーで飾るような効果を表現する。料理をお皿に置くだけで、盛りつけの演出をしてくれる。

グリーンの細いラインで
作る爽やかでシックなお皿

グリーンはハーブの色であり、様々な料理との相性がいいカラー。ゴールドの縁取りがエレガントな雰囲気を作る。ローストビーフの肉の赤みが引き立つ。

ローストビーフ

人気の肉料理だが、シンプルに盛りつけるだけで
お皿が高級感あふれる一品に完成させる。

**ピンクとゴールドのラインで
優しさと高級感ある優雅なお皿**

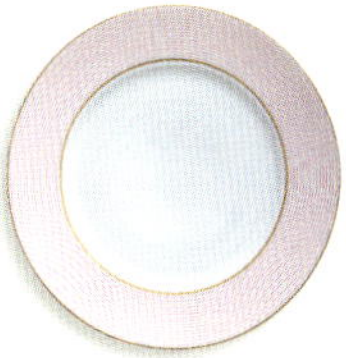

お皿のラインのピンクとロースト
ビーフの赤みが同系色であり、優
しさを醸し出している。エレガント
で暖かみのある盛りつけになる。

**コバルトブルーとゴールドの
贅沢なデザインスタイル**

装飾的な柄、贅沢なゴールド使い、
デザイン性の高さが感じられる。
格調の高いお皿に盛りつけられた
ローストビーフに風格を感じる。

3. リムに柄があるお皿（北欧）の盛りつけ

シンプルで素朴な柄は家庭的で
カジュアルな盛りつけを演出する

昨今機能性とデザイン性の高さから注目が高まってきている北欧。自然にインスパイアされて作られる個性的な暖かみのある柄が特徴だ。リムのみに柄があるタイプのお皿は、料理をのせる部分がホワイトスペースになっているので様々な料理の見栄えをよくし汎用性が高い。

ショコラカラーとブラックのストライプ、シンプルで家庭的なデザイン

お皿に描かれたラインの色と料理の色が同系色になり、落ち着いた雰囲気になる。素朴な家庭的な料理の盛りつけに向く。

ブラック&イエローの幾何学模様がポップ

繊細なラインに黄色が効いているお皿は、料理の彩りになる。元気パワーが湧くような一皿になる。

ハンバーグステーキ

カジュアルでシンプルな料理でこそ
北欧のお皿の演出力が発揮される。

**ブルーのつる草模様で
爽やかな自然の風を感じるお皿**

つる草を表すような細身のラインは、ボリューム満点のハンバーグステーキを優しい繊細な料理の印象に変える。

**ブルーマルヴァの花が
繊細に描かれた自然の
インスピレーションを感じるお皿**

リムに描かれた花は、ひとつひとつが濃淡のグラデーションで描かれているので過度な強調はなく料理とのバランスがいい。

4. 全面に柄があるお皿（北欧）の盛りつけ

自然をモチーフにした北欧らしい柄に
料理をのせるだけでインパクトのある盛りつけが実現

メニューを問わず料理を引き立てる白皿だが、ときに単調な印象を受けることもある。全面に柄があるお皿は白皿とは対照的であり新鮮な印象を受ける。柄のインパクトが強いので、料理はシンプルなメニューが映える。料理をのせるだけで迫力のある盛りつけを完成させてくれる。

**たくさんの魅惑的なバラを
茶色い線画で描いた
シックなお皿**

バラの柄がお皿の平面より小さめに描かれており、ホワイトスペースがあることで空間に余裕ができ安心感が生まれる。茶色は料理と相性のいい色であり、華やかさの中に落ち着きが生まれる。

**植物の花や果実を描くことで
自然の生命力のパワーを表現**

絵柄の迫力あるパワーで、料理がカジュアルな物でもインパクトのあるモダンな盛りつけに演出される。黒で描かれているので、どのような色味の料理でもコントラストが生まれ相性はいい。

ジャガイモのクロケット

庶民的なメニューであるが、盛りつけるお皿で
日常食がご馳走になる。

大胆に葉脈まで描かれた
リーフ柄に
植物の息吹を感じる

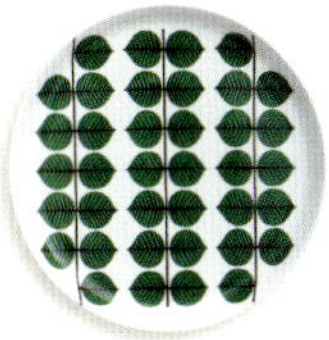

有機的な柄であるが、同じリズムで繰り返されるリーフ柄が幾何学的なデザインに見える。はじけるような植物のパワーがあり、ポップな盛りつけになる。

艶やかなたくさんの
ブルーの花で
覆い尽くされたプレート

一見無地の青いお皿の様に見えるが、その中に花の可愛らしさが見え隠れするプレート。大人の遊び心が刺激される盛りつけになる。

5. フォルムがあるお皿の盛りつけ

形から連想される心理感情を
盛りつけに効果的に取り入れる

食卓で使うお皿の多くは丸皿であろう。本書でも紹介したオーバル皿、角皿、長角皿など使用される機会は多くなってきているが、テーブルのリズムを変えたい、いつもと違う印象にしたい、というときに変形皿は有効だ。前菜、サラダ、デザートなどで活躍する。

クレッセント形のお皿

三日月形のカーブは丸皿と相性がよく人気のフォルム

お皿のフォルムの可愛らしさで食卓に変化が生まれる。小スペースで利用できるので活躍する場は広い。少量ずつ、2~3カ所に盛りつけるとバランスがよい。

三角形のお皿

幾何学の基本でもある三角形はシャープで安定感のある印象

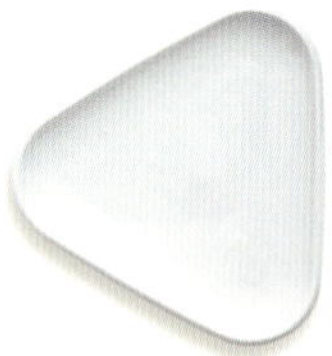

紹介したお皿は少し丸みを帯びた三角形、優しい家庭的な雰囲気を醸し出している。

バーニャカウダ

決まったスタイルで提供されがちなサラダだが、
お皿でイメージを変えると新鮮な印象になる。

自由な形の変形皿

曲線を生かした奔放で
暖かかみのあるイメージ

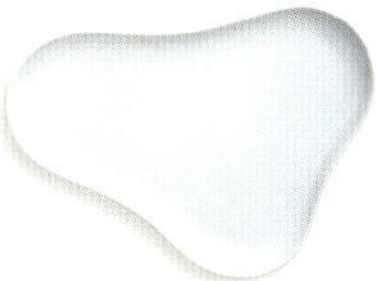

遊びの空間が多いフォルムなので、料理を盛りつけてもスペースがあり、余裕が生まれる。

リーフ形のお皿

リーフ形は植物をイメージさせる
自然な優しさを演出

お皿のモチーフを生かすために料理は中央に盛りつけ、お皿のラインを楽しみたい。ナチュラルな優しさを感じるリーフ形は安心感のある盛りつけになる。

ウェーブ形のお皿

長角皿を流れるように変形させた
軽やかなお皿

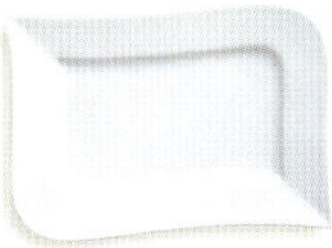

長角皿をベースにしているので安定感のあるお皿。お皿のラインがウェーブするように湾曲しており、流れやリズムが生まれる。料理には軽快な動きが生まれる。

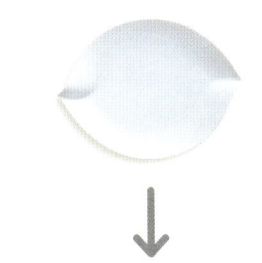

6. ガラスのお皿の盛りつけ

涼を演出する透明感も
様々なお皿の表情で印象が大きく変わる

季節や冷製の料理、デザートなどで涼やかに料理を演出したいときに使いたいのがガラスのお皿だ。お皿のフォルム、デザインなどで料理の見え方は変わる。

**シンプルなガラスの丸皿は
料理を選ばない万能な皿**

色、形、デザインなど何も施されていない丸皿はリアルな料理を見せるのに適役だ。料理だけに目線が集中し、ありのままの等身大の料理が浮き彫りになる。

**リムにレリーフをプラスして
シャープなイメージに**

リムに規則的なラインの彫りを入れることで、お皿のフォルムが印象づけられ緊張感が増し、料理全体が引きしまる。お皿に置かれた料理に視線が自然に向く。

冷製トマトパスタ

暑い季節に食べたくなる冷製パスタ。
温製パスタとは異なる雰囲気で盛りつけたい。

お皿全体にレリーフがあることで透明なお皿に幾何学模様が浮き上がる

ガラスのお皿はデザイン性が多少ある方がその存在感を増し料理を引き立てる。お皿のレリーフ自身が盛りつけのデザインとなり、料理を演出してくれる。

手作り感のあるラフなフォルムの丸皿は暖かみのある家庭的な印象

丸皿の形がラフなシルエットであるとカジュアルな雰囲気になるが、お皿の存在感は増す。お皿の中に残る気泡もデザインになり盛りつけのアクセントになる

固いイメージの角皿も透明の素材で料理と馴染みやすい印象に

角皿は均衡のとれた緊張感で料理をスタイリッシュに見せる。ガラス素材でお皿の存在を主張しすぎず、程よいバランスで料理を引き立てる。

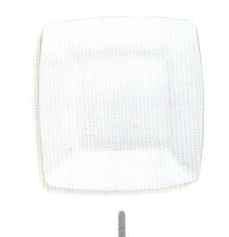

Herb &

料理の味と彩りにアクセントとなる様々なハーブ。盛りつけには
欠かせないアイテムだ。香りと視覚からの刺激を楽しみたい。

a. イタリアンパセリ
b. ディル
c. タイム
d. バジル
e. ローズマリー
f. セルフィーユ
g. ミント

Spice

盛りつけのアクセントとなるハーブ＆スパイス

独特の風味で料理の臭みやクセを抑え、料理の色つけにも活用されるスパイス。仕上げの一振りは効果的だ。

a. 黒こしょう
こしょうの中で一番辛みが強い。芳香があり風味と辛みをつける。

b. カイエンヌペッパー
辛みの強い赤唐辛子。風味と辛みをつける。

c. クミンパウダー
独特の芳香とほろ苦さがある。カレー粉の重要なスパイス。

d. カルダモンパウダー
スパイスの女王と呼ばれる上品な香りのスパイス。レモンのような風味。

e. ガラムマサラ
北インドのミックススパイス。仕上げに少量使い辛みや香りをつける。

Sauce

ソースは料理の味を左右する大切な要素だ。そして、お皿にデザインを描くときの素材でもある。料理を引き立てる味、香り、視覚を担う決め手といえる。本書で紹介した料理の中に登場するソースを紹介する。

マンゴーのガラムマサラソース

材料：作りやすい分量
マンゴーピュレ……200g
ワインビネガー……小さじ 2
ガラムマサラ……小さじ 1/4
塩、こしょう……各適量

作り方：
全ての材料をボウルに入れよく混ぜる。

アボカドのクリームソース

材料：作りやすい分量
アボカド……1 個
生クリーム……80ml
牛乳……80 ～ 100ml
レモン汁……小さじ 2
塩、こしょう……各適量

作り方：

1. アボカドは種をのぞき皮をむいて一口大にしてレモン汁をかけておく。
2. ミキサーに 1 と生クリーム、牛乳、塩、こしょうを入れなめらかになるまで撹拌する。（アボカドの大きさによって牛乳の分量を調整する。）

カシスマスタードソース

材料：作りやすい分量
カシスマスタード……100g
生クリーム……100ml
こしょう……少々

作り方：
全ての材料をボウルに入れよく混ぜる。

盛りつけのポイントとなるソース

バルサミコソース

材料：作りやすい分量
バルサミコ酢……240ml
赤ワイン……100ml
ハチミツ……大さじ 3
醤油……大さじ 1
黒こしょう……少々

作り方：
全ての材料を鍋に入れ 1/2 の分量になるくらいまで煮詰める。

パプリカのサワークリームソース

材料：作りやすい分量
パプリカ（赤）……2 個
サワークリーム……30g
生クリーム……70 ～ 90ml
塩……適量

作り方：
1. パプリカは半分に切って種をのぞきグリルかオーブンで焼き皮をとり一口大にする。
2. ミキサーに 1 と常温で戻したサワークリーム、生クリーム、塩を入れ、なめらかになるまで攪拌する。（パプリカの大きさによって生クリームの分量を調整する。）

ブロッコリーとケッパーのグリーンソース

材料：作りやすい分量
ブロッコリー……1/4 個
ケッパー……15g
オリーブオイル……大さじ 5
レモン汁……小さじ 1
ニンニク……1/4 片
塩、こしょう……各適量

作り方：
1. ブロッコリーは塩ゆでし水気を良く切っておく。ニンニクはすりおろす。
2. 1 とその他の材料をミキサーに入れよく攪拌する。

COLUMN

色の基礎知識 2

色の配色を考える上で大切なことは、色と色の相性である。類似色なのか補色なのか、色のトーンが似ているのか、違うのかなどである。これらの関係を見分けるのに助けとなるのが色相環とトーンのイメージだ。食材や料理の仕上がりの色、また、食事をする環境にも色のコーディネイトは役立つ。

★色相環

色相を順序だてて循環的に配列したものが色相環だ。この円環で対向にある色同士が補色、隣り合う色相が類似色となる。

★トーンのイメージ表

トーンとは明度と彩度を複合的に考えた調子のことで色の明暗、濃淡、強弱などで考えられる。トーンから受けるイメージはどの色相に置いてもほぼ共通している。表はひとつの色相におけるトーンの違いを表している。

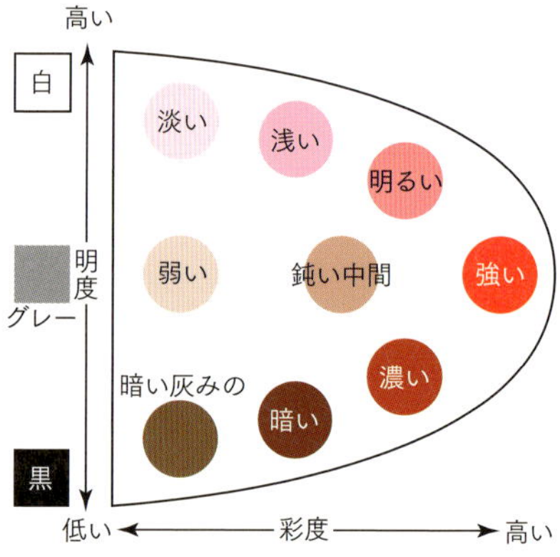

参考文献

「味わいの認知科学〜舌の先から脳の向こうまで〜」日下部裕子・和田有史編（勁草書房）

「広辞林　第六版」三省堂編集所編　（三省堂）

「錯視図鑑〜脳がだまされる錯覚の世界〜」杉原厚吉著（誠文堂新光社）

「視覚」石口　彰著（新曜社）

「視覚デザイン」南雲治嘉著（ワークスコーポレーション）

「色彩心理のすべてがわかる本—史上最強カラー図解—」山脇惠子著（ナツメ社）

「食べることの心理学」今田純雄編（有斐閣選書）

「デザイン仕事に必ず役立つ図解力アップドリル」原田　泰著（ワークスコーポレーョン）

「デザインの色彩」中田満雄・北畠 耀・細野尚志著（日本色研事業）

「デザインのための数学」牟田 淳著（オーム社）

「デザインの文法」Christian Leborg 著（ビー・エヌ・エヌ新社）

「点と線から面へ」ヴァシリー・カンディンスキー著（中央公論美術出版）

「フランス料理ハンドブック」辻調グループ　辻静雄料理教育研究所編著（柴田書店）

「ヨハネス・イッテン 色彩論」ヨハネス・イッテン著（美術出版社）

「臨床栄養　美味しさを科学する一現代調理学の最前線—」（医歯薬出版）

まちやま ちほ

祐成陽子クッキングアートセミナーを卒業後、雑誌、書籍、テレビへレシピの提供、スタイリングなど精力的に活躍中。飲食店のメニュー・プランニングなども手がける。新たな食との出会いを求めて国内外を問わず巡るバイタリティの持ち主。スイーツから本格フレンチまでそのオールマイティでセンスの良いスタイリングに定評がある。著書に『100%ビタントニオBOOK』（アスペクト）『シリコン型で簡単！おうちで毎日ドーナツ』（小学館）など多数。

Staff

企画・構成・執筆　中村みえ

撮影　杉田 空

ブックデザイン　森 裕昌

調理アシスタント　佐々木のぞ美

デザインから考《かんが》えるお皿《さら》の中《なか》の視覚効果《しかくこうか》

盛《も》りつけの発想《はっそう》と組《く》み立《た》て

NDC596

2014年11月17日　発　行
2019年 2 月15日　第4刷

著　者　まちやま ちほ
発行者　小川雄一
発行所　株式会社誠文堂新光社
〒113-0033　東京都文京区本郷3-3-11
（編集）電話 03-5805-7285
（販売）電話 03-5800-5780
http://www.seibundo-shinkosha.net/
印刷・製本　図書印刷 株式会社

ISBN978-4-416-71446-1